法律论证学

【当代德国法学名著】

当代德国法学名著
Repräsentative Deutsche Rechtsliteratur der Gegenwart

法律论证学

Juristische Argumentationslehre

[德] 乌尔弗里德·诺伊曼/著
Ulfrid Neumann
张青波/译

法律出版社

Juristische Argumentationslehre 2. Auflage
Original published in German by Wissenschaftliche Buchgesellschaft in 1986.

This Chinese translation is published by Law Press China in 2014 by arrangement with Prof. Dr. Ulfrid Neumann.

著作权合同登记号
图字：01-2013-6692

本书翻译得到德意志学术交流中心
和德国科学基金协会的支持

**Die Ábersetzung erfolgte mit
Unterstützung des DAAD und des
Stifterverbandes für die Deutsche Wissenschaft**

当代德国法学名著总序

当代德国法学名著译事之缘起，在乎“取法人际，天道归一”之理念。

天地渺渺，众生芸芸；然天地何以长存不灭，众生何以繁衍不息？此中必有亘古于今之一般法则。天地者，自然之谓；众生者，乃自然所赋生灵之长，人也。而人所以居万物之首而为生灵之长，概因其不仅是生于自然，而且还能领悟于自然，进而以理性和智慧的劳动创造受益于自然。由此而论，天地间至真至善至美，莫过于人与自然之和谐融合。正如庄子所说："知天之所为，知人之所为者，至也。"而中国哲人所言“天人合一”，实际表明着人类的最高智慧和境界。但是，最高的智慧未必是功利的智慧，最高的境界往往不是现实的境界，此乃人类虽为万物灵长，但又归于万物的本性使然。尽管不无缺憾，但却理所当然。纵观古往今来，可知人类始终是在理想与现实、理性与物性的矛盾状态中存在发展。不过，人出于其自然本性但又以其理性确认的社会秩序，又使之在这种永远不会解消的矛盾状态中生存发展成为可能。

自古以来，食色之性、交往之需、名利之求、功德之义，无论国人洋人、权贵庶民，众生莫不有之；惟每人认取之价值，或此或彼因人因地因时而异。但基于人之本性所产生的社会，无论东方西方，必然有其共性。于是有老子的古训："人法地，地法天，天法道，道法自然。"而希腊的斯多葛哲人也说："按照自然而生活。"由此可知，同属自然之人类，本有其共同的理念与法则。以法律而言，中国、西方法律虽文化传统各异，然毕竟都是人类社会的法律，必然有其共同的人性内涵。所以，考察法律，应着眼超越地域、国度和民族，甚至超越时空的人际层面，努力发现本来属于整个人类的理念和规范，并在此基础上寻求并促进人与人、民族与民族、国家与国家之间越来越普遍深入的交往。吾人之规可为他人所取，他人之法可为吾人所用，概其皆出乎人之本性。所以"取法人际，天道归一"，当为人类社会法律进步之最高思想境界。以迄今历史度之，人类生存发展的必然趋势是越来越普遍深入地相互结合和依赖，经济的全球化和文化的世界化正在相辅相成地迅速演进。在人类发展进程中，产生于人类本性的共性愈多愈充分地为人所认识，则人与人之间、国家与国家之间的交往就愈可能有效和平地进行。作为人类社会的行为规范，任何国家的法律都是人与人之间实现交往、确定关系及秩序的最重要途径。就此而论，可断言未来人类的发展与和平，很大程度上将取决于全人类在法律法则上的沟通与趋同。

本着取法人际或取法自然的理念，当代德国法学名著译事拟系统全面地翻译当代德国法学具有代表性的学术成果。因为德国法不仅为可取之一方法律，而且还与当代中国法制有着特殊的关联。事实上，当代中国内地与台湾地区的法制是基于清末民初之际的法律改制发展而来。当时采纳了欧洲大陆法系法制模式，而其中又以汲取德国法律，特别是民法、刑法居多。不仅如此，20 世纪以来中国法制和法学的发展还颇受德国法制和法学的影响，现今中国法制和法学的不少思路实际都与后者有关联。因而，中国法制建设和法学进步自然更容易从德国法制与法学中获得启发。此外，由于近代德国历史法学派和学说汇纂学派对罗马法和罗马普通法的系统研究与整理，近现代德国法学形成并获得了其本身独有的特色，其丰富成熟的法律理论与教条，恰恰是目前乃至21世纪我国法学与法制建设所迫切需要的。

当代德国法学名著的选题范围包括法哲学和法的基本理论、国家法、法律史、民法和商法、经济法、刑法、国际私法等内容。选题标准是：德国乃至欧洲法律界已经普遍公认为经典的名著，或在德国普遍使用的有代表性的教科书。与此同时，亦根据我国的实际需要翻译介绍一些有关法律文化背景方面的工具书和著名法学家的传记。初步选题首先由德国学者提出，然后由编委会综合各方面意见，最后根据我国实际需要确定翻译选题。为保证翻译质量，翻译工作严格采取译、校和三审程序。每部译著由一责任编委审阅或校对。译稿一审通过后，编委会和编辑部就一审提出的问题召开由德国教授和有关译者参加的翻译工作会议；在此基础上，译者还专程前往德国与作者或有关学者探讨翻译的疑难和细节问题。在此方面，德意志学术交流中心（DAAD）提供了有力的支持。在赴德改稿基础上提出的第二稿通过二审后，由译者进一步修改、润色定稿，复经审阅后交付出版社。

系统翻译德国法学名著的想法由来已久，但正式酝酿于1997年秋，经过近一年的准备筹划，于1998年秋开始实施，拟于2005年完成全部选定书目的翻译。应该说，德意志学术交流中心的霍恩贝格尔先生（U. Hornberger）和原法律出版社社长贾京平先生对促成此项翻译计划起了重要作用，现任社长黄闽先生多年来亦助之鼎力。而此项翻译计划能够顺利实施，亦诚有赖编委会和编辑部各位同仁的共同志趣和辛勤工作。六位德国著名学者：考夫曼（A. Kaufmann）、克茨（H. Kötz）、克努特尔（R. Knütel）、何意志

(R. Heuser)、孟文理(U. Manthe)和胜雅律(H. von Senger)教授在计划拟定、选题推荐和具体翻译工作中均给了我们以宝贵帮助。德国大使馆柯灵博士(Tilo Klinner)、李雅思先生(Mathias Licharz)、毕满天先生(Matthias Biermann)以多种方式推动此项翻译计划。德意志学术交流中心波恩总部的比尔克博士(Klaus Birk)和奥托女士(Susanne Otto)及该中心驻北京代表处历任主任史翰功博士(Hansgünther Schmidt)、施多恩博士(Thomas Schmidt-Dörr)和韩北山先生(Stefan Hase-Bergen)等,亦对此计划给予了热情和有力的支持。更要提及的是,江平、谢怀栻、潘汉典和王泽鉴等法学界前辈对于此项工作始终给予着关注和支持。中国政法大学有关部门亦对我们的工作提供了帮助。法律出版社张波、卞学琪先生对出版工作兢兢业业、认真负责;朱宁女士和她的同事也一丝不苟、精益求精。在此,谨对上述所有法律界同仁和有关机构表示由衷的谢意。我之所愿,所有参与此项计划和给予该计划关注和支持的人,都能从此处呈献的工作成果中得到虽非物质的,但却真实诚恳并有长久价值的酬劳。因为,倘若这些成果能够在21世纪和中华崛起之际被赋予些微历史和现实意义的话,那么它将胜于所有致谢和嘉言。

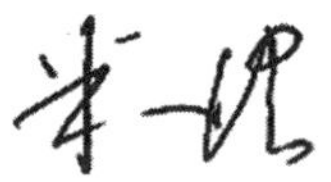

2013年春于京城蓟门

中文版序

在此以中文版呈现的《法律论证学》,曾以德语于 1986 年在“科学图书荟萃”中的“研究成果”系列里出版。它追求双重目标:一方面说明法律论证理论的不同进路——这些进路主要有逻辑的、论题 - 修辞的和商谈理论的论证模式;另一方面要给出对法律论证的导引,而且尤其要说明实质上证立法官裁判的,在科学理论上的和法治国上的意义。

为了中译本,德文本考虑到这些年间出版的文献,做了完全的修改。全新的版本有这些章节:区分证立与适用商谈(4.3)、哈贝马斯 1992 年在《事实与规范之间》(1992 年)所发展的较新的法律商谈理论(4.3)、卢曼对法律论证之功能的分析(6.1)以及对法律论证的“后现代”批判(6.2)。

我非常感谢我的学生张青波将本书译成中文所付出的劳动。在他的博士学位论文——《通过后果取向的法律论证》(2010 年)中,他自己也为法律论辩理论的进一步发展作出了贡献。我很清楚,法律论证的问题在中国的法文化中至少部分地以不同于在欧美的方式提出。这源于法律论证与法哲学基本问题之间的紧密关联。对这些问题,在不同的法文化中当然有不同的答案。特别是作为“西方”传统中论证理论之基础的对法和道德伦理所做的严格区分,恐怕只能有限地适用于中国法文化及相近法观念。

我希望,同时也认为,恰恰这种差异将产生在法文化之间进行对话的重要推动力。正如法哲学,如果法律论证理论想要成为真正科学的理论,它也必须在整体上摆脱各民族和各大洲传统的束缚。在立法和法教义学领域,数十年甚或数个世纪以来,各民族、各大洲之间的交流是不对称的,法的“出口商”和“进口商”的角色也曾不均衡地分配。令人高兴的是,在法教义学方面开始发生变化。在法哲学和法理论领域,从一开始就没有这种不对称的动因。这里,中国和德国——今天作为不同法传统之两个紧密合作的代表,可以承担有益角色。本书想要为此作进一步的推动。

2010 年 10 月于美茵河畔法兰克福
乌尔弗里德·诺伊曼教授、博士、荣誉博士

目　　录

1. 导论

1.1 法律论证理论之勃兴

近数十年,法律论证理论在法理论研究中占据了支配的地位。这不仅针对德语区,而且法律论辩的问题今天在很大程度上也位于法理论国际讨论的前沿。这一发展反映于国内与国际法哲学会议之主题选定,以及对“法律论证”这一题目的众多学术出版物中。

对如此广阔发展之原因的追问,只能谨慎地提出并回答。这里先要确定,不存在一种法律论证理论,(对此参见 H. R. Horn 1994; Röhl 1994, S. 184)属于法律论辩理论的有不同的开端,如逻辑证明理论、理性商谈理论和论题-修辞构思。因此,“法律论证理论”并不意指法哲学的一个确定方向,而是其一定的问题域。

1.1.1 普遍论证理论的发展

如果寻找这一问题的答案——为什么近数十年来法理论的注意力很大地(即使从不同立场出发)转向这一问题域,首先就要注意普遍论证理论领域的发展。(Follesdal/Walloe/Elster 1986; Kopperschmidt 1973, 1978, 1990,

2000；Lueken 2000；Lumer 1990；Naess 1975；Toulmin 1958/1975；Völzing 1979；Wohlrapp 1995）主要是重新发现道德哲学中论证的意义（例如 Habermas 1983，S. 54）。毫无疑问，法哲学的讨论由这一发展所促动。

1.1.2 论证作为确定主义与决断主义的中道

在我看来，具有决定性的却是另一个视角，然而它与道德哲学中论证理论之勃兴处于实质关联中。正如在道德哲学领域中编织理性论证理论承担的任务是，在形而上和直觉价值伦理学为一边，在非认知主义伦理学，如情感主义和决断主义为另一边的中间，开辟道德证立的第三条道路（Habermas，同上），法律论证理论标志着法律确定主义和法律决断主义之间的第三条道路的开辟。

法律论证既非以涵摄教条为出发点，又不是法律非理性主义（决断主义）之立场的主题。（Deckert 1995，S. 76；Lerch 2008，S. 19；Stamatis 1995，S. 321）确定主义（即认为任何法院裁判由法律完全确定之观点——涵摄教条）不需要论证理论；对于法律非理性主义或决断主义（即认为法院裁判只是法官的意志行为之观点），也不能存在这样的理论。相反，法律论证对于第三种立场有根本意义；其视法官裁判既非对法律的单纯“适用”，亦非法官任意的行为，而是未由法律（完全）确定，但却是理性（可理性证立）的决定。（Pavcnik 1993，S. 8 f.，153；Zhang 2010，S. 150）这需要简短说明。

对法律决断主义的立场，很明显，法律论辩规则最多只是表面上有意义。如果法官裁判只被看成是意志行为，那么何种论述能够证成裁判之问题，就不起作用了；法律论证充其量只作为表面功课、作为裁判单纯意志性之掩饰而有意义。对于把对判决具决定性的法官评价视为“非理性”的自由法学派而言，是前后一贯的，它以此拒绝开示判决理由：虔信的人将想不到，要求末日法院给出一个被证立的裁判。（H. Kantorowicz 1906，S. 42；Haverkate

1973, S. 282 f.; Neumann 2005, S. 369)如果法官的裁判是任意的行为,要证成裁判的论辩就蜕化成了贬义的修辞。

法律确定主义,对作为理性证立判决之理论的法律论辩理论,也不会感兴趣。如果唯一正确之裁判由法律对法官所预定,那么裁判也不需要证成;认识某些预定的东西由认识本身就可以正当化。即使要以论证来对抗被视为认识的法官裁判,也没有机会:不能以论证对抗事实。

1.2 法律方法与法律论证

1.2.1 涵摄教条

这并不意味着,按照法律确定主义的立场,判决的证立是毫无意义的冒险。即使根据前后一贯的涵摄意识形态之立场,法学也不是启示性宗教——允许法官简单诉诸其认识立法者或法律决定的能力。

但是按照这一立场,裁判的证立有不同的意涵。如果(正确的)裁判被看作由法律预定给了法官,那它的证立就仅仅在于证明法官的判决复制了立法者的决定。那么,证立的任务就只是证明是这么一回事儿。是这么一回事儿却只能由此来证明:指出认识有疑问之事实的途径,给出借以认识现实的方法。视法官裁判为认知的法学,其所急需的是法律方法论,而不是法律论证理论。所以,涵摄意识形态不需要论证理论。(W. Hassemer 1972, S. 467)

在法律方法论远离了涵摄教条和唯一正解的观念后,方法论和论证理论之间的合作就没什么障碍了。(Deckert 1995a, S. 76; A. Kaufmann 1999, S. 95)多年来在德国方法论所进行的、关于法律约束与法官塑造自由之间界线的抽象争论之无益性,证明了方法论需要并且有多需要论证理论。(一方面是 Rüthers

2005，2006，2008；另一方面是 Hassemer 2007，2008 以及 Hirsch 2007）有意义的问题只能是：法官可以何种理由（或不可以何种理由）支持他的裁判；是否他可以考虑除了直接关涉法律（文义）或立法者意志之外的其他论据；如果可以的话，是否在不同理由之间存在顺序；等等。所有这些都是落入法律论证理论处理范围的问题。

1.2.2 产生与说明

然而，从对法律获取的批判认识论的视角看，必须坚持在原则上区分法律方法论（作为正确认识法律的途径）和法律论证理论。法律论证理论不是和裁判发现的心理过程，而是和证成——无论以何种方式——发现之判决的问题有关；不是和法官裁判之产生，而是和裁判之说明有关。（Buchwald 1992，S. 24，31；ders. 1993，S. 21；对这一区别之基础，参见 MacCormick/Summers 1991）

产生和说明之间的区别，今天原则上不可撤销；相反有争议的是它的影响。彻底区分的后果显明在赫尔曼·伊赛——他在 20 世纪 20 年代末就已区分了法官裁判之生成关联和证立关联（Isay 1929）——那里：只有裁判的控制，而非其生成，要理性地进行。由此，生成过程被剥离于法律方法论的范围，而分配给可能称为“法官裁判活动心理学”的学科。区分产生与说明是彻底的；它没有架设裁判之生成到其证立的桥梁。如果要局限于脱离裁判发现的证立，那么这样的法律论证理论将会失去和法律裁判（规范性或经验性）理论的任何关联。

但是实际上以这种方式，这两个领域不能免于被硬生生地割裂开。（Schneider 2004，S. 349 f.；Zhang 2010，S. 146）不同于自然科学，那里平行地区分“发现的脉络”和“证成的脉络”，并将某个科学理论之产生的传记式偶然性区别于其仅仅在科学上令人感兴趣的可证立性，在判决证立中所提出的论述不能完全隔绝于判决背后的动机。

这一不对称的原因在于证成在自然科学和法学中的不同功能。作简化的对比:自然科学中涉及证明主张的真实性,而在法学中涉及证立决定(也可能是支持某个教义学理论的决定)的正确性。只要主张之真实性能被客观证明,生成的情况、表述这一主张的动机不能对此贬低。起源可能让心理学家、传记作者和社会学家感兴趣,对于专业学科本身却没有意义。

在裁判证立的领域却有不同。这里,断定裁判的证成与"真实的"裁判动机不一致,趋于降低裁判及其证立之声望。在不能达到证明之客观性的地方,论辩者之真诚性有了特别的意义。

1.2.3 表面证立与方法诚实

结果是,不同于对自然科学的科学理论,对法理论提出了所谓的表面证立之问题。(Brecher 1958; Haverkate 1973; ders., 1977; Kriele 1965)即这种论证,其中并未体现"真实的"裁判动机,或者其中运用了论辩者自己不接受的论述。如何判断这种表面证立的问题,是有争议的。被多数人强调的是,出于科学正派性、论证的理性和可信的要求,避免表面证立,开示真正的动机。(Strömholm 1976, S. 181; Brüggemann 1971, S. 84; Esser 1972a, S. 252; Simittis 1972, S. 147; Haverkate 1977, S. 72 ff., 168)另外也强调,即使涉及"显然的表面演绎",从法律中的演绎也是不可或缺的。(Kriele 1965, S. 113; 对开示要求怀疑的还有 Struck 1977, S. 23; Krawietz 1978, S. 81)

这里不再继续这个讨论,但要指出第二个视点。一方面,不能是法官开示其个人的、可能影响判决的同情或反感;揭示裁判动机的义务只能涉及裁判背后的、合理的、原则上能够合意的实质视角。在这个意义上,可以要求开示对裁判有意义之一般后果考量,而非告知涉及由裁判影响到之个人的动机。在后一种情形,要求的是另一个裁判,而非另一种证立。

另一方面,方法诚实的要求,不可误解为放弃取向于法律的论证。即使在法官主要追求的不是符合法律,而是符合实际之裁判的时候,他的裁判和论证都受法律之规范性指示的约束。

1.3 裁判证立之法理论意义

1.3.1 正确性作为证立之功能(后果)

如果把法官判决看成虽取向于法律,但不是由法律确定的决定,其不仅根据法律的尺度,而且根据公正和理性决定之要求来衡量,那么法律论证就获得了独立和核心的意义。(同样持这种观点的是 Pavcnik 1993, S. 8 f., 153; ders., 1988;1990)在这种情形下,法律论辩不是效力于证明某件事情是这样的,而是证立一定的行为、一定的决定是正确的。这个决定的正确性——这是决定性要点——不能独立于为其给出的理由。"如果……在具体的决定过程之外没有法的正确性,那么它必须在这一过程本身之中被产生出来:通过反思和论辩,通过当事人之间的主体间性和合意。"(Kaufmann 1984b, S. 88)就此而言,对于假定确切的、预定的法律内容持怀疑态度的诠释学立场,前后一贯地引发了法律论证理论。(对于诠释学进路对法律论证理论的意义,参见 Stamatis 1995, S. 56 ff.; Stelmach 1991, S. 140 ff.)作为认识法律内容来理解的裁判,其正确与错误独立于证立法律和判决之一致的可能性,如同行星运动的法则在还不能证明它的时候已经"正确"了。相反,裁判的正确性,在其理性和实践适当性的意义上,由其理性证成的可能性所限定。

因此,理性裁判证立的可能性之界限,同时标示了能够谈及正确裁判的界限。而"唯一正解"理念的失败在于,理性论证在众多案件中不会达到一个结论。(Aarino 1989, S. 425)夸张地说,对法律确定主义,证立(可能)的性质是判决之性质的功能,而对于理性裁判的模式,判决的性质是证立之性质的功能。在这个意义上,裁判的合理性可以等同于其可证立性。(Garrn 1986, S. 19)

1.3.2 相较于自然科学中论证的特性

裁判的品质和正确性对裁判证立的依赖,将法律论证至少区别于自然科学中的论证,可能也区别于其他精神科学和社会科学学科中的论证。物理学假设之真实性不是对其给出之证立的产物;假设可能对,而证立却不当,甚至错误。

相反,法律证立的品质构成了其所支撑之裁判的品质。这一点首先无限地适用于裁判与潜在证立之间的关联;为了能使用“正确的”这一谓述,法律裁判必须至少是可证立的。这一点也有限地适用于裁判和当下的、事实上附加给它的证立之间的关联。以一定的证立,一定的观点是合理的,而以其他证立则不合理。这意味着,具体证立的可接受性影响到了裁判的可接受性。

这与将法学区别于其他科学(也许除了神学)的特性相关:法学研究改变其科学活动的对象。一本禽鸟学教科书未触犯鸟类世界;一本刑法教科书却改变了刑法。(参见 Adomeit 1981, S. 14;相似的有 Peczenik 1983, S. 142; Giaro 1994, S. 273)换言之,法主要不是由“本身”正确的认识,而是由这样一些观点构成,它们的品质由已给出或可给出的理由所决定。

1.3.3 对法律约束力量的怀疑

因此,法律论辩理论之兴起与传统法律方法论的式微,与这种观点——其视法官裁判为虽取向于法律,但不由法律所确定,并且受束于公正和理性之尺度的决定——的流传紧密相联。(对这一关联亦参见 Hwang 2009, S. 43 ff.,提示了 Kelsen 和 Viehweg)

而对法律论证理论之发展作出先驱贡献的是约瑟夫·埃塞尔(Grundsatz und Norm in der richterlichen Fortbildung des Privatrechts, 1956 4. Aufl. 1990; Vorverständnis und Methodenwahl, 1970, 2. Aufl. 1972)、马丁·克里勒(Theorie der

Rechtsgewinnung, 1967, 2. Aufl. 1976)、特奥多尔·菲韦格(Topik und Jurisprudenz, 1953, 5. Aufl. 1974)和弗兰茨·维亚克尔(Gesetz und Richterkunst. Zum Problem der außergesetzlichen Rechtsordnungen, 1958)关于法律之外法源的意义之开创性作品。(对此亦参见 Fikentscher 1976, S. 355;对于法律论证理论的预备工作,亦参见 Otte, 1970)

1.3.4 合意的意义

认为法官裁判不仅涉及认知行为,不仅涉及认知预定的法律状况,必然导致了较高衡量参与论辩之人或由裁判涉及之人的合意。(参见 Lüderssen 1982;对法中的合意取向持批评态度的是 Naucke 1986)即使论证不能带来法律观点正确的证明,它至少能有助于产生赞同。

然而,理性和法律论证的合意取向之间的关系成了问题:如果仅仅取决于有关人群事实上的赞同,那么对理性论证的要求就没有余地了;就此而言,在通过说服而诈取的一致和通过信服带来的一致之间,就不存在区别了。如果论证的理性反对这样,那么合意的问题必然失去了意义。这一理性和合意之间关系的问题,在法律论证理论中,在不同的地方、以不同的形式出现:如在区分事实上的合意和理性的合意(参见下文)和在试图界分"说服性"论证和"信服性"论证上(参见下文)。而实践商谈理论的核心问题也在这里。

1.4 裁判证立的政治意义

1.4.1 作为证成的证立

除了法理论的视角,法官裁判的证立还有制度的、政治的维度。

赋予裁判之证立的功能,澄清了社会的政治组织,与法官的或其他的国家决定多大程度上要被证立的问题之间的关联。证立一个(法官裁判总是构成的)行为的意义,原则上不同于证立理论语句与主张。主张的证立,一方面可以通过证明被主张的事实存在,另一方面可以通过说明事实存在的原因。选取何种证立方式,取决于要回答的“为什么”。如果主张本身被质疑(对其认知根据的疑问),那么第一种意义上的证立是必要的;如果被主张之事实的存在未被质疑,而仅仅探寻其现实根据,那么说明构成有关事实原因的因素就足够了。

相比之下,证立(自己的)行为有不同的意义。它意味着试图证成这一行为(证成概念的双重意义参见 Horak 1974, S. 3)。证立一个决定相应意味着,证成它、合理化它。在决定的证立中承认,决定者应向其他人证成其决定。这就是为什么在明确的上下级关系中通常不证立决定的原因。这里,“我愿意、我要求、我喜欢”就是原因,代替了实质的、关涉决定之内涵而非决定者之权威的证成。对于极权体制,国家机构有义务对“臣民”证成其决定的想法,是陌生的。这一关联中值得注意的是,直至教会法典生效(1918 年),教会法通常拒绝证立法官的裁判。(Schnizer 1974, S. 27)带有威权性和明确等级结构的制度,必然怀疑地看待对当事人证成决定的义务。对它而言,证立决定只有内部控制手段的功能。(Lücke 1987, S. 1)

证立法院判决的义务有时也被看作对当事人接受判决的威胁。担心的是证立可能恰恰让当事人明白,判决并非单单直接从法律中推导出来的。(对此特别考虑到在中国司法中相应的担心而加以反驳,参见 Zhang 2010, S. 151, 153 ff.)但是向人民有意识地隐瞒法律的多义性和判决发现的困难,这样的选项在民主法治国中不被考虑。(Zhang a. a. O.)在联邦宪法法院的裁判中,德国法秩序出于判决发现之透明性的理由,也适应进一步讨论争议法律问题的想法,甚至忍受让败诉方在“不同意见”中获知,法秩序本来也允许(按照至少一位法官的观点甚至是要求)有利于他的裁判的(《联邦宪法法院法》第30条第2款)。

1.4.2 作为民主和法治国要求的判决证立

对于民主和法治国秩序,承认国家决定的广泛证立义务是不可或缺的。(Lücke 1987; Raisch 1988, S. 20; ders. 1995, S. 135 f.;亦参见 Kischel 2002; Kneubühler 1998; Zhang 2010, S. 150 ff.)这里可以范例性地提示判决证立对于法院判决之既判力的意义。法院判决必须被证立;未含裁判理由的判决,根据德国法秩序是错误的,并且必须在上告审中被撤销——无论它实质上正确与否(例如《民事诉讼法》第551条第7项、《刑事诉讼法》第338条第7项)。

虽然这些条款根据主流观点只要求有形式意义上的判决证立;至于提出的理由是否事实上支撑判决,按照这种观点是不重要的。但这不意味着,制度上的法院约束限于纯粹的产生文本的义务。联邦宪法法院在一个对法官的法之续造的允许性、法理论上重要的判决中强调,法官的裁判必须依据理性论证。(BVerfGE 34, 269, 287; 对于法院裁判证立之宪法要求,亦参见 Brüggemann 1971; Lücke 1987)

在违背理性论证原则之极端情形中,如在出现逻辑矛盾时,联邦宪法法院视为违背宪法的任意禁令并因此违背平等原则。(《基本法》第3条;BVerfGE 70, 93, 97 f.; 参见 N. Horn 1996, Rn. 207; Raisch 1995, S. 136 f.)这样将证立义务解释为法官负有义务使人可领会地论证,是前后一贯的:如果判决证立不限于一种仪式,不限于纯粹的完成义务,那么它必须在内容上证成判决:判决必须通过理性论证而证立。

1.5 规范性和描述性的论证理论

这一要求只有在这时可以满足：当至少原则上可能，将理性的论证区别于仅仅说服性的、仪式性的或言之凿凿的论证。这一前提指向了规范性论证理论的主要问题：发展理性论辩的标准。限于描述和分析法律论证之模式的描述性论证理论，能够仅仅拟出和运用具有陈述力的范畴，而规范性理论必须预备标准，据此可以判断法律论证的理性或非理性。

1.5.1 分析性和批判性进路

这是否可能和在何种程度内可能，是有争议的。特别在“批判法律运动”（Critical Legal Studies）之进路的范围内，有时也和后现代的“解构”进路相一致，表达了对法律论证的本质批判（下文6.2.），其根本上指向法律论辩的任意性和利益联系。就其更多的意识形态批判的、质疑法律实践之自我理解的目标指向而言，它与系统理论进路的分析相一致（下文6.1）。

即便批判性分析的努力（参见 Seibert 1977a）针对的是法律论辩之规范性标准，接续特别由菲韦格、佩雷尔曼所建立的法律论题学或“新修辞学”传统的法律论证理论方向，也认为自己主要不是法律论辩的规范性理论，而是批判性分析。相比之下，只能归属于描述性论证理论的是近年来迅猛兴起的分析最高法院的裁判，其以特定的视角（后果取向、特定论证手法）分析裁判的证立。

1.5.2 规范性进路：理性法律论证的可能标准

如果要原则上坚持区分理性和非理性法律证立的可能性，那么任务就是表述相应的标准。这里可考虑诸如：（1）论证的逻辑结构；（2）规则取向；（3）所引规则的合意能力；（4）产生结果的理性。

1.5.2.1　逻辑

明显处在第一步的是,确定逻辑推论的规则为理性论辩的决定性标准。据此,当且只当论证能够适当地重构为逻辑推论,它就被称为理性。这里至少正确的是,逻辑错误的论证不能提出理性的要求。论证逻辑上的一贯性,当然仅仅保障了论证形式上的理性,即使这也只在非常有限的意义上。裁判逻辑上可推导的要求总是可以无意义的方式满足,因为任何语句逻辑地从自身导出。因此必须强化结论逻辑上可推导性的要求。

就前提的逻辑结构来说,就此而言存在着一致:至少前提之一必须有逻辑全称命题的特点。(Alexy; Koch; Koch/Rüßmann)这一要求以可普遍化原则证立:要对具体案件有效的,必须对所有与它在任何根本点上一致的案件有效。

1.5.2.2　规则取向

由此在实质上保障了裁判根本上取向于规则;通过前提全称命题结构的形式标准却并未保障恰好取向于法律的规则。因此,有时进一步要求,普遍前提必须是法律文本的释义。(Koch; Koch/Rüßmann)这一要求把论辩和逻辑间的关系转向了论辩和语言间的关系。如果把法官裁判之法律约束原则视为法律之可能文义的约束要求,那么法律论辩的可能性就由语义规则限定。对于取向于裁判的实质理性标准,即对于考量裁判后果只有这时才有余地:只要语言规则的模糊性开启了裁判的活动空间。被看作语言规则之约束的法律约束确定了界限,而在其之内裁判的理性和公正视角能够被考虑。

1.5.2.3　后果取向

对于法律裁判的理性(非理性)的一个显见标准是,这一裁判预计引发之后果的可欲性(不可欲性)。“想想后果”在日常行为中是给聪明和负责任行为的点子。道德哲学中主流观点是,行为在道德上是好的,如果它在具体案件中或者通常有好的后果的话

(结果主义)。

然而在法官的裁判中取向于判决的后果,趋于和法官根据法律裁判的义务(法律约束)相冲突。因为法律通常使法官负有义务,根据已发生的,而非将要或应该发生的作出裁判。他的裁判是条件式地,而非目的式地纲要化。(对此区分基础性的是 Luhmann 1987, S. 227 ff.)如果被告违法并有责地侵害了原告的财产,那么法官必须判决被告赔偿损害。即使这时它对被告意味着财政崩溃,对富有的被侵权人(原告)只不过是小意思。

然而,这并不意味着,裁判的后果对法官必然在任何案件中都不重要。因为,一方面法律本身可以规定考量判决后果。例如,当法官在裁判父亲还是母亲获得共同孩子的抚养权时,根据法律应取向于孩子幸福的视角。另一方面在法律未清楚地预定裁判的地方,存在着考量裁判后果的空间。但是,出于法治国和法安定性的理由,这里必须遵守严格的规则。(参见 Zhang 2010, S. 85 – 144)特别是不得考量仅仅在具体个案中出现的后果。(“个别后果”,Zhang 2010, S. 87 f.)

联系到早先对后果取向问题的作品(其中 Deckert 1995; Feller 1998; Grimm 1995; Hensche 1998; Lübbe – Wolff 1981; Sambuc 1977; Wälde 1979; Teubner 1975),最近,本书译者张青波为法官的后果考量又拟出了详尽的规则目录。其中区分了形式规则、预测规则、评价规则和保障规则。

根据第 1 条形式规则,在后果取向的论证中要分别显明下列步骤:后果取向的可用性、选项汇集、后果预测、后果评价和决定。第 2 条形式规则禁止取向于个案的单个后果(上文已提到)。预测规则涉及选择重要的后果、运用专业知识以及对待(因)适应(规则而出现的)后果。评价规则规定了选择评价标准时,各个法秩序的宪法基本价值和一般法原则的优先,并且含有一条合并规则,据此在后果评价时相互折算为一定的参数。

被赋予特别意义的是优先规则;其中规定了后果论证和权威论述(法律、法教义学)之间的关系。这里(在我看来也是适当的)趋于认可权威论述作为特定的法律论述以优先。由此,后果取向通常只在这时方得发挥作用:当单单权威论述不能带来清楚的裁判时。特别严格的前提适用于要依据后果考量进行国家干涉。不仅相对于法律的权威,而且相对于法教义学的权威,后果取向应退后,只要不能证立,法教义学所标记的裁判选项不再有据。如果适用有效的法律引起了严重侵犯宪法基本价值的后果,那么法律也要退后。然而这样的宣告由最高法院垄断。遵守提到的规则必须从判决的证立中显示出来。

1.6 法哲学与论证理论

在开始已经强调了法律论辩理论在当代法哲学讨论中的核心地位,但这不能被误解为,对论证理论的研究排挤了传统法哲学的问题。相反,追问法律论辩的结构和合法律性毋宁说开启了对法哲学古典问题的新路径。法律论证理论与属于法的一般理论的问题紧密相联。这一关联的极致表达,位于有时将法等同于论证的书名中。(Atienza 2006; Neumann 2008; La Torre 2002)这一关联可以三个例证范例地说明。

1.6.1 作为可证立性的公正

对法律论证理论具有构成性之联结正确性和可证立性,使得可能重述公正问题。这种重述能够既放弃内容上的规范性前提,又当然地离开形而上的预设。在论证理论的视角下,对于规整得以称为公正之条件的疑问,指向的并非预定之(自然法)条文的律则,而是证立的方式:“公正是,显示为被证成了的”。(Tammelo 1977, S. 99; Perelmann 1963/1980a, S. vii)

当然由此尚未表述公正之内容上的标准;问题自然是,在何种前提下,一条规范显示为被证成了。对此问题,规范性的法律论证理论不得拒绝回答。然而,指责论证理论的视角以一条迂回道路再次导致了公正之内容性标准和由此而来的自然法立场,至少过于匆忙了。因为对公正问题的论证理论进路开启了可能性,不是诉诸证成的实质,而是程序标准。比如一条规范这时可称为公正,即当它满足由理性商谈规则所确定的标准时。(Alexy 1977, S. 36; Jansen 1998)程序规则是否最终能够在公正与不公正的规范之间作出区分,是另一个问题。围绕这一问题的是法理论文献中的极具争议的讨论(参见下文)。

1.6.2 法的结构理论与论证理论

法律论证理论与法源学说(Kriele 1979, S. 91 ff.)以及法的结构理论之间的关联是显然的。如果法律裁判的证立要证明裁判在法秩序的意义上是正确的,那么为这一裁判所提出的任何论述必须关涉法秩序。这意味着:如果一个裁判以公正的考量证立,那么由此就认可相应的公正原则为法秩序的成分;如果为了证成判决(而不仅仅为了报道讨论状况)的裁判证立提示了通说,那么由此就预设了,通说不仅在事实上,而且在规范上对法律裁判是重要的。所有法律理由都是广义上的法源。(Peczenik 1983, S. 59)

以这种方式在论证理论上开启的对法源学说之把握,对法的一般理论的意义,如何估计都不过分。认识到上面仅仅勾勒了的关联,只能留下这样的选择:或者激进地摒弃那种裁判实践——其中诉诸公正考量和“通说”起了根本作用;或者接受一种法的模式,其中不仅法律和习惯法,而且一般法原则、先例、后果考量和“通说”都被承认为广义的法源。(对此选项,参见 Kriele a. a. O., S. 91)

因为第一种可能性显得较少有吸引力,只好审视一下就一般法原则(Dworkin 1977)和先例(Kriele a. a. O., S. 91 ff.; Fikentscher 1977, S. 313 ff.;对后者的评价,Aoi 1994)的意义已

经成型了的法源概念(参见 Bydlinski 1992, S. 19)。将法体系重构为不仅是法规则,而且是法原则之总体的法的结构理论("原则模式",基础性的文献参见 Dworkin 1977; Alexy 1985; Sieckmann 1990/1992),在论证理论上对应了强调权衡为一种突出的法律证立模式。(对于权衡,参见如 Ladeur 2004)属于这一关联的也有在法律和政治论述之间划界之精确性的问题。(对此基础性的文献参见 Dworkin 1977; 对划界可能持怀疑态度参见 Auer 2005; 对法官的法之续造的特别问题参见 Langenbucher 1996; K. Schmidt 1990)

法的结构理论模式和论证理论开端之间的对应,让结构理论和论证理论之界分不明显了。于是有时也在法律论证理论之下讨论德沃金的法观念(Stamatis 1995, S. 72 ff.),而它在此被重点归入法的结构理论,因此在下面不详述。

1.6.3 司法理论与论证理论

对于法律裁判之功能的问题,法律论辩理论也有直接的意义。如果把法律裁判的任务仅仅看成是通过取向规则地处理纠纷而确保规范性期待,那么论辩地诉诸裁判之可能或更肯定的后果,一定显得不当。(参见 Luhmann 1974/1981)相反,如果接受了判决证立之渐增的产出-取向,那么就不能把法化约为"确保期待"的功能(即使在法官裁判中有所体现)。如同和法源理论一样,法律论辩理论也和法的功能理论处于相互依赖的关系。

这无论如何适用于法律论辩的规范性(规定性)理论,其要求作出对论述之允许与否的陈述。视自己为纯经验或分析学科的论证理论,对法的不同模式原则上是中立的;对判决证立的经验-分析性研究能够澄清,何种法之观念是论证的基础,但并不预先支持一定的模式。

1.6.4 法律论证之特点、历史和文化的相对性

通过主张(规范性)论证理论和法的一般理论之相互依赖,确

定了法律论证法理论上的特点；由此尚未回答的问题是，(是否和)在多大程度上，法律论证区别于其他科学或非科学领域的论证。(参见 Tarello 1972；Strömholm 1972)这一问题主要在讨论所谓的特别情形命题——主张法律论辩涉及普遍实践论辩的“特别情形”(参见下文)——时会遇到。

这个问题以双重方式显示了法律论证领域中历史研究的必要性。一方面要澄清法律论证对不同的、定在于文化中的论证模式(Tarello 1972)或传承下来的学科(如中世纪的修辞学和辩证法，参见 Villey 1972)的具体依赖性；另一方面要问，是否能够给出法律论证据以获得相对于法律之外的论证模式之或大或小独立性的前提。遗憾的是，法律论辩的历史分析还处于开始阶段。(参见如 Viehweg 1972；Esser 1979；Tugendhart 1980；Strömholm 1991, S. 66 ff.；Haft/Hilgendorf 1993；Cordes 2006)

法律论证理论——如果允许使用这一集合单数词的话，今天在国内和国际取得了一个允许总结迄今成果的地位，当然不能要求完整。然而，当下的任何叙说只有中期盘点的特点。对“法律论证”这一主题的讨论尚在流变中。本研究视自己为对这一讨论的助益，而不仅是对当下状况的记录。

2. 法律论证的逻辑－分析进路

2.1　逻辑和法律论证

逻辑与论证,论证与逻辑相关,不可而且在可预见的范围内也不会被以好的理由否定。在这一最低合意之外,争端开始了。是否逻辑预备了有约束力的论证图式,是否论证能归结为逻辑或者相反,逻辑归结为论证,是激烈争议的对象(对逻辑之于论证理论的意义持怀疑的如 Wohlrapp 1995; 就法律论证评估和澄清的参见 Ratschow 1998)。

法理论的讨论反映了在科学理论文献中的相应争执。一方面,逻辑推论和法律论证很大程度上被等同。由此,法律诉讼被罗蒂希(Rödig 1973, S. 3; Yoshino 1978, S. 282)理解为逻辑证明,判决证立被相应地构造为逻辑演绎;法律论证至少在其核心范围(涵摄到法律或其他法规则之下)显示了或必然显示为三段论的结构,也是阿列克西和其他学者的观点。(Alexy 1978, S. 273－283; 1980, S. 121 ff.; C. Bäcker 2008, S. 286 ff.; 2009, S. 404 ff.; Koch/Rüßmann 1982, S. 48－58; Jürgen

Schmidt 1978, S. 549 ff., 557, 575)另一方面,法律论证对论题学和修辞学的归属被强调(Viehweg 1972a, S. 439; Seibert 1980, S. 169 ff.; Baufeld 2005, S. 183 ff.),并且以“修辞学者和诡辩论者的怀疑——他们认为三步骤的三段论只是两步骤简易三段论的语言膨胀”(Rodingen/Falke 1976, S. 38.),反驳逻辑－演绎论证模式的拥趸;而且在论题学阵营外,主张法律论证的演绎结构也遭遇了批评。(Struck 1977, S. 45 ff.; Neumann 1979, S. 10－17; Simon 1975, S. 68 ff.; Kilian 1974, S. 55 ff.; Gröschner 1982, S. 210)

处于讨论中心的问题是,三段论推论方式在判决证立中被赋予何种意义;是否法律论证借助一定的逻辑演算得以适当重构。它们也成为下面叙说的重点。对法律逻辑学和法律论证之间关系的疑问,引发了更为普遍的问题:是否论证奠基于逻辑,抑或恰恰相反,逻辑奠基于论证。(参见下文2.1.5)最后要探讨,特别的且在法学中常见的论述,如类推论述或当然论述,在多大程度上获得逻辑的有效性。(参见下文2.1.6)

这里先要说明的是,逻辑规则对法律论证的约束性是当然的。违反逻辑规则的法律论证,在法律上也是错的。但从中却推不出,法律主张的逻辑推导就能被看作证立。这里适用于逻辑规则的,无非是适用于语言规则的:主张A先生是单身汉并且结了婚,是在错误地言谈。而没有人会对“为什么A先生没有结婚?”这个问题,接受“因为他是单身汉”这句话为理由。语言规则和逻辑规则给论证设置了界限,但却替代不了实质的证立。

2.1.1　法律三段论的复兴

亦庄亦谐的所谓“法律三段论”,在法律诠释学和论题学已经为它开具了死亡证明之后,却在新近关于法律论证的文献中,经历了令人惊讶的复活。当然,转世是以另外的形式进行的。较旧的理论将法官的裁判活动描述为贯彻三段论,即一个完全被确定了的过程,并且由此从——所主张的——法之适用的逻辑结构中得出结论:在任何案件中有并且只有一个正确裁判,它仅仅需要被认识到。(如 Forsthoff 1976, S. 135)这一观点在今天最终被放弃了。对这个认识再不会有争议:法之发现不限于贯彻法律三段论。(所有文献中,仅参见 Arthur Kaufmann 1984d, S. 240; 对这种"法律确定论"持批判的还有 Kilian 1974, S. 55 – 73; Simon 1975, S. 68 ff.)在新近讨论中,唯一要认真对待的唯一正解模式(Dworkin 1977/1984),却基于在判决发现时完全考虑相关的法原则之理念,而与从一定法规范中逻辑上必然地推导裁判的观念无关。

与之相对应,论证的逻辑结构问题和唯一正解的问题,被今天演绎裁判证立的主张者,明确地分开了。使这一分离成为可能的是区分裁判的产生和说明,以及将演绎要求限于说明领域——裁判证立。由此,演绎要求原则上脱离于法律约束要求(参见 Koch/Rüßmann 1982, S. 69);即使在演绎之裁判证立的支持者那里,还留有旧的联系之残余,比如认为在精确化法律规范后,对规范适用原则上不再存在裁判活动空间(如 Koch 1976, S. 211;对此持批判的有 Neumann 1979, S. 72/73),但这绝不是这一模式的必然推论。并非裁判过程,而是判决的证立要遵循由"法律三段论"标示的结构。

对于证立判决将谋杀犯(M)安东(a)处以终身自由刑(F),根据法律三段论的模式产生了下述构造:

$\bigwedge x(Mx \rightarrow Fx)$

Ma

Fa

读作:对所有 x 有效:如果 x 是谋杀犯,对 x 应以终身自由刑惩罚;a 是谋杀犯,对 a 应以终身自由刑惩罚。

这一图示需要补充,当——如同通常情形——有关事实(行为或 a 个人的状态）没有论证的中间环节，不能涵摄到规范的事实构成之下时；这种情况下，要补充前提，借以能够将规范具体化到其适用于具体事实而不再有疑问。

由此，在刑法典第 211 条的案件中，除了法定前提 $\wedge x\ (Mx \rightarrow Fx)$ 之外，还要引用其他法律前提："谋杀犯是阴险地杀死一个人的人"（$\wedge x\ (Hx \rightarrow Mx)$）以及刑法教义学的前提："利用被害人的信任和无防备而杀人的人，是阴险地杀人"（$\wedge x\ (Ax \rightarrow Hx)$）。那么推论有这样的构造：

$\wedge x\ (Mx \rightarrow Fx)$

$\wedge x\ (Hx \rightarrow Mx)$

$\wedge x\ (Ax \rightarrow Hx)$

Aa

Fa

从前提中推导结论明确地被视为结论的证立和结论的证成。（Alexy 1978, S. 273.）这也符合对从法条中推导判决之功能的一般理解：判决借助一般的法条而被证立。

2.1.2 对法律三段论作为论证图示的批评

恰恰这一功能却在对法律论证所建议的重构时，失却在谓述运算中。因为全称命题 $\wedge x\ (Mx \rightarrow Fx)$ 并不证立，而是主张单称命题 $Ma \rightarrow Fa$。正如全称算符（$\wedge$）与联言符号（$\cap$）的相似性所提示的，全称命题包含众单称命题的联言；它简称了 $(Ma \rightarrow Fa) \cap (Mb \rightarrow Fb) \cap (Mc \rightarrow Fc) \cap \cdots \cap (Mn \rightarrow Fn)$。因此，表面通过 $\wedge x\ (Mx \rightarrow Fx)$ 证立 $Ma \rightarrow Fa$，包含了通过（$Ma \rightarrow Fa$）证立（$Ma \rightarrow Fa$）。这里不取决于是否视全称命题为有限或无限单称命题的联言（不同观点：Hilgendorf 1991, S. 69）；因为即使在后一种解说中，单称命题当然也被包含。

这意味着，通过全称命题证立单称命题是循环的。如果视"所有谋杀犯应被刑罚"的语句为逻辑的全称命题，那么它"证立""杀人犯安东应被刑罚”的语句，恰恰是以这一语句自身证立自己的方式进行的。（对此赞同的：Buchwald 1990, S. 288）这并不令人奇怪，如果想到 $\bigwedge x(Mx \rightarrow Fx)$ 的表述，只是加上添加的其他单称蕴含式而重复了 $(Ma \rightarrow Fa)$。

这一关联可以通过这个考虑而直观化：只有当知道，是否谋杀犯安东也要被处以刑罚时，才能知道，是否事实上所有的谋杀犯要被处以刑罚。与之相符的是，在三段论中不仅可以从前提推到结论，而且从结论的否定能够推到前提（之一）的否定。具体来说，如果谋杀犯安东不被处以刑罚，那么也不是所有的谋杀犯都要被处以刑罚。借助否定符号（¬），得出了形式上的说明：

$\neg Fa$

Ma

$\neg \bigwedge x\ (Mx \rightarrow Fx)$

因此，论证“谋杀犯安东应被刑罚，因为所有谋杀犯应被刑罚”是循环的，如果视第二个分句为带有逻辑全称命题形式的三段论之前提。（参见 Neumann 1994, S. 310; Bayer 1994, S. 220; 对于 Koch 1990 和 Kuhlen 1992 的元批评，参见 Neumann 1993, S. 162 f.；对于演绎和证立之间的关系，参见 J. Schmidt 1978, S. 558; Giaro 1994, S. 286 ff.）

试图坚持演绎的证立结构，同时不陷入循环论证，很少有成效。如果想要把一个判断（Rx）对被承认的语句集合（M）——从中可以推导出（Rx）——的归属性，依赖于通过 M 证立 Rx（J. Schmidt 1978, S. 558），那么这是有问题的。因为一个语句对一个语句集合逻辑上的归属性，不能依赖于是否事实上进行了逻辑上允许的转化。任何语句集合（在一群明确被表述之语句的意义上）包含所有逻辑上能从其中推导出的语句。所以，演绎地从 M 中推导判断（Rx），与施密特的观点相反，完全是无意义的。

演绎－规范论图式的其他支持者明确承认，通过法律三段论推导结论是无意义的，就此而言提供不了对结论的证立（C. Bäcker 2009, S. 421; Bung 2004, S. 147 f.；根据阿列克西 1995, S. 81，通过演绎模式只说明了“证立的核心”；“根本上的证立”发生在“外部证成”中）。那么，就不应谈到裁判的演绎“证成”。（Bäcker 2009, S. 421 在这一视角下，适当地称这个概念“有些误导人”）如果达成一致，通过演绎 – 规范论的图示重构法律论证仅仅要澄清，“从逻辑视角不存在异议对抗从前提中推导结论”（Bäcker 2009, S. 421），那么对此没什么可反对的。这种理解精确地符合将逻辑学理解为（仅仅）限定论证的规则系统，而这里也以这种规则系统为出发点。

然而要承认，必须在逻辑意义上的和日常语言意义上的推导之“无意义”之间，作出区分。（Bung 2004, S. 147 ff.）在逻辑意义上，无意义的是，突出一个主张所暗含之内涵；即使这种内涵并非显然存在，而只是必须通过很多步骤被得出。这种情况下，我们在日常语言意义上——据此无意义的概念（不同于在逻辑意义上）被以不好的联想使用——将不会谈到无意义的推导。

事实上，可以把这个任务——获知一定的主张是否逻辑地得自给定的主张集合（逻辑地包含在这一集合中）——塑造得如此复杂，以致其解决要求相当的洞察力和时间。但做这件事情不是立法者的任务。如果事实上（迄今为止，在我看来对此还没有提出证明）一个法律规整如此得不透明，以致需要逻辑手段以重构其内涵，那么这也和法律三段论无关。

任何演绎（逻辑上绝对的）论证之必然循环性，开示了作为所有努力之基础的误解；这些努力试图使法律论证——如同论证根本上——效忠于三段论推论的模式：这是将三段论误解为论证类型（参见 Perelman 1979, S. 154; Perelman/Olbrechts – Tyteca 1976, § 28），混淆了三段论推论之证明性和论证性的方面。

这一误解最鲜明地体现在，科赫对演绎 – 规范论之证立是循环的主张提出异议：该主张将“否认整个数学以及物理学的主要部分提供了科学证明”。(Koch 1990, S. 88)因为事实上在数学中，正如在纯逻辑学中，涉及根据公理证明理论，也就是证明性的方面。在数学中仅仅涉及明示公理暗含的内涵。科赫在数学和法学中所得出的相似性，因此只在这时是和谐的，即当个案裁判可以被理解为仅仅明示法律所暗含的内涵时。这就导回到任何个案中预定了唯一正解的观念，对此恐怕演绎-规范论模式的支持者也不愿响应。

科赫提示到物理学引发了有趣的问题。即使令人遗憾地并不清楚，科赫想要关涉物理学的何种“根本”部分。因为在根据普遍法则解释物理事实，和根据法规范证立法律裁判之间，实际上存在着相当的结构相似性。(更进一步参照 Neumann 1993, S. 158 ff.)在现有的脉络中特别重要的是，针对从全称命题中演绎-规范论地推导个别事件之解释力，在一般科学理论中提出了类似这里对演绎-规范论之证立模式提出的相似异议。(参见 Neumann 1993, S. 161 ff.)同样主张，在全称命题仅仅涉及总结性描述各个事件，而非对这些事件的解说。(Theobald 1973, S. 107；亦参见 H. v. Wright 1974, S. 27)

作为结论可以断定：如果要求论证提供证立，要求证立不循环，那么逻辑上绝对的推论虽可作为对逻辑结构的说明(证明性方面)，但绝不能被接受为对主张的证立。(相似地，Atienza 1990, S. 397)因为逻辑的证立必然有循环证明的结构：它只能显示一定的主张包含其他主张(例如主张 $\wedge x\ (Mx \rightarrow Fx)$ 包含了主张 $Ma \rightarrow Fa$)，但它不能证立后一主张。因为这将导致通过所要证立的进行证立。(对于由 Koch 1991, S. 89 对这一论证施加的批评，参见 Neumann 1993, S. 162 m. Fn. 21, 22；Ratschow 1998, S. 76 m. Fn.)

对我而言，这大概是异议的决定性要点：没有人根据三段论模式推论，因为没有人会接受所有人都会死的命题，如果苏格拉底会死能被质疑的话。（密尔爵士已这样认为，参见 Perelman 1979, S. 154）

这一点当然不总是以必要的清晰性来显现。只要重点放在这个事实上——若不是已经知道苏格拉底会死，没有人知道是否所有人真正会死——那么，这一异议可以这种断定被反击：对逻辑不涉及获取前提的问题；逻辑仅仅主张如果所有人会死，那么苏格拉底这个人也会死。如何获得一般的前提，在逻辑的视角下是完全无所谓的。对用三段论作论证图示意味着：决定性的是前提证成结论；而如何获得和证立前提，是另一个问题。

这样区分前提的证立和推导，对逻辑推论图示是标志性的；它在法律论证理论中出现在对“主图示”和“辅图示”（Koch/Rüßmann 1982, S. 56 – 58）、“内部证成”与“外部证成”（Wroblewski 1974; Alexy 1978, S. 273）、“演绎证成”与“次阶证成”（MacCormick 1978, S. 19 ff., 100 ff.）以及“核心证立”与“外围证立”（Buchwald 1990, S. 277 ff.）的区分之中。无须强调，这个区分是可行的。另一个问题是，是否它应对了论证的结构（对区分外部和内部证成持批评的如 Weinberger 1983, S. 203）。因为在论证理论和论证实践相关的意义上，当然不能借助仅仅被假设承认的前提，“证立”一个主张（对这一断定，由 Hilgendorf 1991, S. 70 所提出的批评，基于扭曲地复述文本——限制在“在论证理论和论证实践相关的意义上”的证立被忽略了——以及将前提假设性的设定和绝对的设定之间的区别，混淆于确定的和可能有误的知识之间完全不同的区别。适当地反驳 Hilgendorf 的错误认识的是 Ratschow 1998, S. 78 f.）。

然而，没有人从所有人会死推导到苏格拉底会死的异议，波及范围更广。因为没有人能主张所有人会死，除非同时主张，苏格拉底这个人会死（在这种意义上，苏格拉底会死，如果他是一个人)——无论如何是这样,如果在逻辑全称命题的意义上理解所有人会死的主张。这得自于上文展示的逻辑全称语句与单称语句之联言的等值。逻辑规则陈述了,在表述特定主张时,人们所主张的所有东西;但是,语句的暗含主张却不同于语句的证立(进一步参照下文)。

总而言之,通过谓述演算而重构法律裁判的证立结构是不适当的。谋杀犯安东不应因此被处以刑罚,因为谋杀犯安东——如同其他谋杀犯一样——应被处以刑罚,而是安东应被处以刑罚,因为他是谋杀犯,并且因为存在谋杀犯应被处以刑罚的规则。法官以安东实施了谋杀证立对他的有罪判决;这里,法官诉诸存在谋杀犯被判处终身自由刑的规则。如果这一规则之存在被质疑,他可以提示刑法典第 211 条第 1 款。(对此和下文,参见 Neumann 1994, S. 310 f.)

这意味着,诉诸法律条款——根据它所有谋杀犯应被刑罚,相较于法官证立其裁判(“安东被处以终身自由刑”)的语言层面,有元语言的特点(进一步参照下文)。法律论证的这一结构,精确地表达在运用图尔敏所提出的论证图示时。(Toulmin 1975, S. 88 ff.)

2.1.3 证立的非演绎模式:图尔敏的论证图示

2.1.3.1 基本要素

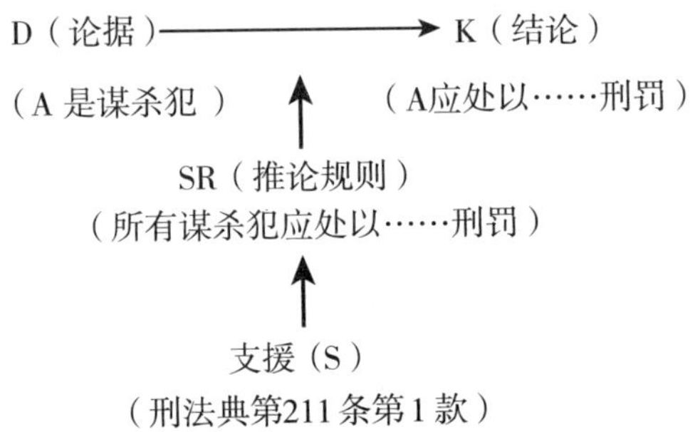

通过和古典三段论模式的争辩并作为其替代，图尔敏发展了他的论证模式。他争议的不是三段论逻辑上的正确性，而是其揭示论证结构的适合性。正如图尔敏所说，如果分析性三段论的大前提错误地被认作论据，而非推论规则或其支援，并且如果论证却（表面上）不拥有（允许所含有之过渡的）推论规则，那么，三段论的原则就进入逻辑中。（Toulmin 1975, S. 120）必须正确地在要证立的结论、证立性的论据、允许从论据过渡到结论的推论规则和对推论规则的证立（支援）之间作出区分。论据（信息）“苏格拉底是人”，证立了主张“苏格拉底会死”，根据所有人都会死的推论规则；这一规则可以依据经验：迄今所有的人在达到一定年龄之前都已经死了（参见图示）。

因此，这一重构，相比三段论的图示，可能已更好地应对了论证的“真实”结构，因为它包含真实的、有意义的论证过渡。不仅从论据到结论的步骤，而且从支援到推论规则，都含有内容上的过渡。它在正方与否认苏格拉底会死的反方进行的对话中，作为论证步骤的模式也是合理的：被攻击的命题（结论）可以指出苏格拉底是人而证立。对证立之确信力的怀疑将以提示推论规则而应对，后者反过来以说明支援而证成。

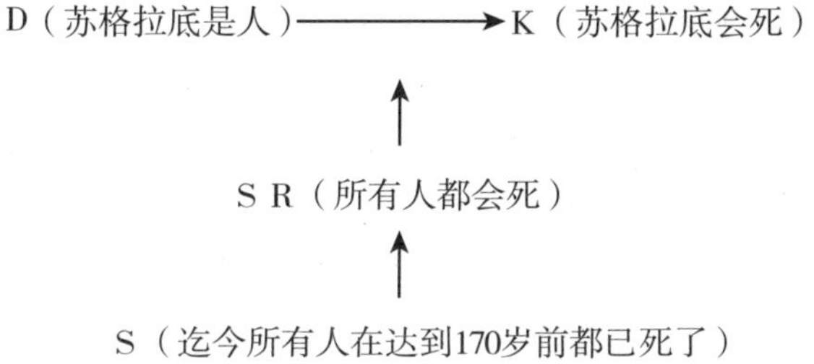

图尔敏模式决定性的优点却可能是，它展示了事实上供支配并且要最终支持结论的信息。不仅是论据还有支援都含有这种信息。而推论规则表达的不是信息，而是确保从资料到结论之步骤的保障（参见 Toulmin 1975, S. 103）。如果考虑到供支配的信息,那么推论苏格拉底会死绝非无意义;从迄今所有人在达到一定年龄之前已经死了的事实,以及苏格拉底是人的事实,不能绝对得出苏格拉底会死的结论。

因此,根据图尔敏的术语,推论不是分析的而是实质的。简单说,实质的是所有那些论证,在它们那里后边得出了不是前边已经放进去了的信息。精确地说,如果推论规则的支援不包含结论中所传达的信息,那么论证是实质的;如果它包含这种信息,则论证有分析的特点。(Toulmin 1975, S. 113)实践中,这种意义上的分析性论证很少。下面的推论是个例子:

安娜是杰克的妹妹;

杰克所有的妹妹都有红头发;

安娜有红头发。

这个推论是分析的,如果视第二个前提为支援性陈述,并理解为杰克每一个妹妹的发色都已被审视过了。(Toulmin 1975, S. 112)这一情形中,支援恰恰主张了和结论同样的东西(甚至更多),即安娜(也)有红头发。在这种结论仅仅重复了一个由支援所提供的信息之情形中,存在着论据和支援为一边,结论为另一边的推论关系。只有在这种前提下,论证才是分析的。

图尔敏的论证模式在讨论中激起了非同寻常的回响。(如 Habermas 1973, S. 240ff., 1981, Bd. 1, S. 44ff.; Huth 1975, S. 86 ff.; Mans 1994, S. 177 ff.; 持批评的如 Lumer 1990)对于分析法律论证,特别是所谓的法律三段论,图尔敏的模式是非常具有启发性的。(参见 Alexy 1978/1991, S. 112 ff.; Atienza 1990, S. 395; Feteris 1994, S. 137 f.; Gröschner 1982, S. 184 f.; Peczenik 1983, S. 2; Stamatis 1995, S. 165 ff.; Struck 1977)它相当地精确化并续展了迄今对法律三段论的批评。如果说这种批评至今局限于断定,法之发现的过程不仅仅是执行逻辑推论,那么图尔敏的分析就澄清了,裁判证立也不能被理解为分析的,而应是实质的推论。这可以根据上面运用的例证而说明。推论到对谋杀犯A处以刑罚只在这时是分析的,即当对支援之检验的事实本身包含了对结论的检验时。如果支援要主张所有各个谋杀犯(也包括谋杀犯A)可受刑罚,情况就会是这样。事实上,我们据以从A犯了谋杀罪之事实推到他可受刑罚的推论规则,并非以列举各可罚之谋杀犯而被支援,而是通过指出存在刑法典第211条。这意味着:在论据(事实)和支援(指出法律文本)的一边,结论(判决)的另一边之间,并没有推论关系。称为"法律三段论"的推论,有实质而非分析的特点。(进一步参照 Neumann 1979, S. 14－17)

2.1.3.2　对图尔敏图示的批评和元批评

对于图尔敏的论证模式及其在法律论证理论中的接纳,在法理论的文献中有时也有激烈的批评。(Koch/Rüßmann 1982, S. 59; Koch 1990, S. 92 f.; 有所不同的是 Hilgendorf 1991, S. 74 ff., 217,然而却错误地批评图尔敏图示"不能表达受法律的约束",S. 86)这一批评至少部分地依据误解(亦参见 Buchwald 1990, S. 289 ff.):只要它限于捍卫三段论或者通过"主图示"谓述逻辑地重构法律三段论之逻辑正确性,这种批评就空洞化了;三段论推论的逻辑正确性,与科赫和吕斯曼的假设(Koch/Rüßmann 1982, S. 61, 63; Koch 1990, S. 93)相反,并未被争议。既不是在图尔敏那里,也不是在为法理论利用图尔敏模式之努力那里,涉及一定推论形式的逻辑正确性。(支持三段论和图尔敏模式之和平共存,Bung 2004, S. 152)毋宁说问题是,如果根据三段论推论的模式重构论证,论证的结构,正如它在法学、其他学科和日常生活中被运用的那样,是否被适当地把握了。

这个问题被图尔敏否定地回答了。图尔敏不否认,可以把实质论证重构为逻辑的推论关系;但他主张,这样的重构不是澄清了而是晦暗了实质论证的结构。只有当人们完全误认了图尔敏作品的这一路向,才能将当然和简单地断定——任何论证在运用正确的推论规则时能以形式有效的方式被表达为"前提"(Toulmin 1975, S. 108),看作图尔敏承认,他"对逻辑学者主观上很棒的攻击恰恰是吹毛求疵"。(Koch/Rüßmann 1982, S. 61, Fn 7.; 反之适当的是 Ratschow 1998, S. 72)要反驳图尔敏对论证的三段论模式之批评,只能通过证明这种模式适当地描述了论证结构。

但这种证明至少对法学论证而言,却不能提供。挤压到"法律三段论的"普洛克路斯忒斯之床,法律论证看上去就是无意义和任意性的混合:只要它满足逻辑演绎的要求,只要它因此只从被接受的前提得出推论,那论证就是循环并因此无意义的;而在逻辑视角下,前提的选择是任意的。"如果在现代的(即在形式逻辑的框架之内重构的)前提下克服法律三段论,人们所能做的无非是将它认作过时的方法论之遗物:在逻辑上正确产生的推论,是无意义并且在实践上多余,而拓宽认识状况的推理,在逻辑上是错误的。"(Sobota 1990, S. 92, 她因此反对在形式演算的框架内重构"法律三段论的简易三段论")

当然,专注于演绎证立之模式的法律论证理论,可以引入额外规则,借此可以控制前提的选择;例如可以规定,被用作为大前提的只得是法律规范或"准法律"规范。(Koch 1980, S. 62)恰恰是试图引入法律释义作为法律三段论之大前提,却开示了逻辑重构的不适当性。在谓述逻辑的表述中,普遍的前提有逻辑全称语句的形式;刑法典第 211 条的规整被描述为:$\wedge x\ (Mx \rightarrow Fx)$(所有谋杀犯应被处以终身自由刑)。在作为这一表述之基础的解释中,这个语句作出了关于任何个别谋杀犯的陈述:对任何个别谋杀犯都主张他应被处以终身自由刑。

但这显然不是刑法典第 211 条的意思;因为众所周知,有行为人满足了第 211 条的事实构成却不应被处以终身自由刑的案件(无罪责能力、降低的罪责能力、免责性紧急状态、紧急防卫等)。

通过相应地修正法规范之表述,例如将正当化理由接纳为“消极的事实构成要件”,也不能应对这些例外情形。因为从来不能保障,包括所有的例外规整;引入一个保底条款(……并且不出现例外条件,参见 Alexy 1980, S. 202 f.)却被禁止,因为这样就在表述中引入了一个元语言的表达。(同样这么认为的参见 Sartor 1993, S. 282, 296; 1994, S. 188 f.)

在晚近关于逻辑学和论辩理论的作品中,这个问题在“可谬性”的关键词之下讨论。一个论述是可谬的,如果“它的结论由于扩大前提集合,即通过增添额外的(反)理由,可能变得不被证立了”。(Wang 2004, S. 11)这里特别还要提到萨托尔(Sartor 1993)、王鹏翔(Wang 2004)和布洛策克(Brozek 2004)的作品。这一问题能否在传统的“单调”逻辑框架内被解决,或者是否因此有必要求助于“非单调”逻辑(参见下文 2.1.5.2.4),现在还有争议。(参见 Bäcker 2009, S. 422 m. Anm. 60)

出于另一个理由,还禁止以逻辑全称语句的形式,表述法律三段论之普遍的前提。从相应的逻辑全称语句和单称前提中推导判决,正如上文所确定的,是循环的,因此不能接受为证立。法官指出事实构成之满足与法效果之间的普遍关联,却意指的有所不同;这涉及一条规则,根据它满足了谋杀的事实构成,一般地要求并证成了施以终身自由刑。

指出存在允许一定的论证过渡(这里是从确定刑法典第 211 条之事实构成被满足,到确定应施以终身自由刑)之规则,不同于主张普遍的合规律性。相比后者,它有元语言的特点(对此持批评的,Ratschow 1998, S. 79.);它谈到的不是对象,而是论证关联(对于规则的元语言特点,参见 Bund 1983, S. 82)。推论规则之确切的论证理论地位当然还有待澄清。(参见 Ratschow 1998, S. 80; Günther 1992, S. 41 并提示到 Toulmin/Rieke/Janik 1976)

涉及推论规则的这一元语言特点的是断定:“所有人都会死”的推论规则作为推论规则,并未提供信息,而是仅仅允许论证的过渡。(Toulmin 1975, S. 103; Neumann 1979, S. 15)科赫在图尔敏那里“找不到”(Koch/Rüßmann 1982, S. 60, Fn. 4; 这一命题在德文版的第 103 页,在英文原版的第 114 页)的这一命题,对理解图尔敏的论证模式有决定性意义。因为它证立了普遍语句在论证中的典型功能会被误解,如果人们把它解释成三段论推论的前提的话。由此,它同时也证立了有必要让三段论模式面对一个不同的论证模式。

总而言之,如果再说一次,并未质疑三段论以及对应它的谓述逻辑之图示的逻辑正确性。图尔敏的批评并不针对“逻辑”,而是针对试图将逻辑推导提升为理性论辩的普遍约束模式。它涉及“应用逻辑”,而非纯逻辑的问题。(参见 Toulmin 1975, S. 131ff.)图尔敏适当地反对天真的观念:人们可以将逻辑系统简单地“用于”科学或日常论证。在运算范围内有意义的,并不必然符合正确论证的结构。

因此,在逻辑的视角下,区分推论之有效性的问题和前提之真或可证明性的问题,不仅是有意义的,而且是不可或缺的。逻辑学家能够并且必须坚持,交通事故 V_1 由人的失误所致,如果所有的交通事故都由人的失误所致;但在专家鉴定书中的相应断定,则可能让人们另找一位鉴定人。(亦参见 Atzienza 1990, S. 395)这意味着:相对实践论证,坚持前提虽然不可证明但结论正确,没什么意义。对于论证,决定性的取决于何种信息事实上供支配;图尔敏那里区分实质和分析的论证正是依据这一点。对指责这种区分依据“混淆了推论之有效性的问题和推论之前提的可证明性的问题”(Koch/Rüßmann 1982, S. 61),应当如何判定,根据已说过的,就不需要明确强调了。

2.1.4　逻辑重构法律论证的问题

将逻辑运算简单"运用"到法律论证不仅遮蔽了取向于法律之裁判证立的"真正"结构，而且，它还引发了误解法律论证和法律概念的危险。这里，为了证明这一危险，一个例子肯定够了。

将论证化约为以（二值陈述或谓述逻辑）逻辑手段能够把握的结构，可能导致实质论证的无意义，并由此不当的循环推论之指责。这体现在吕斯曼批评联邦最高法院就所谓的"情妇遗嘱"违反善良风俗之问题所作的裁判中。（Rüssmann 1976，S. 246）由吕斯曼指责的裁判段落是："如果一位有妇之夫，在遗嘱中不赋予其配偶以继承权，而以他的孩子和另一位妇女为继承人——他与她维持了违反婚姻的即使不是性方面的关系，甚至让这位妇女优越于孩子，那么，优待这位妇女的这些遗嘱条款，能够（吕斯曼加了着重号）因为违反善良风俗而无效。"

吕斯曼对法院的这种论述提出了同义反复的指责；按照他的说法，它的逻辑结构是"如果 p，那么 q 或者非 q"（$p \rightarrow q \vee \neg q$）。

这一指责显然错了。所引用的法院之主张不是同义反复，是因为对它的否定不会导致矛盾：主张有关的遗嘱条款在预设的条件之下，可能不因为（也可能因为）违反善良风俗而无效，显然不是矛盾的。另外，对任何法律人和任何不懂法的人，只要能不带有色眼镜地阅读判决，法院之表述的内涵是清楚的（持怀疑态度的却有 Hilgendorf 1991，S. 71）：所主张的是将存有违反婚姻之关系的妇女作为继承人，在一定条件下是或者至少能够是支持遗嘱违反善良风俗的论述。这一主张绝非无意义。因为法院显然可将自己置于这样的立场：以存在违反婚姻之关系的妇女为继承人，在任何条件下都不是支持遗嘱违反善良风俗的论据。

当然正确的是，法院之叙述的这种意义，并未体现在对主张的陈述或谓述逻辑说明中。这也适用于，当不像吕斯曼那样将可能的就无效性之论断分为"无效或非无效"的选项，而是引入可能无效作为谓述时。即使诉诸适于说明有关论证的模态逻辑,就此而言也不会有所帮助;因为即使在模态逻辑的框架内,指定继承人之情形和遗嘱可能无效之情形之间的意义关联也不能被表达出来。

原因在于这种运算的外延性观念。迄今被用来重构法律论证的逻辑系统,基于不同语句真值之间的关系,对一个复合句之真值有意义的只是各分句的外延(真值),而非其内涵(意义)。但意义关联的存在是各语句之意义的而非其真值的功能。"如果马赛是法国首都,那么有一个最高的质数"这一语句,在陈述逻辑的如果–那么关系(蕴含)之意义上,是真的。因为前句是假的,并且蕴含根据定义只在前句真而后句假事才假。这个例子显示了,如果–那么主张之真实性,不以存在意义关联为前提。

反过来说,存在意义关联时,相应的蕴含不必然是真的。比如在养动物的兴趣和成为动物饲养人之特征之间,存在着关联;以蕴含的形式复述这一关联却是不适当的。因为这就主张,任何情况下有兴趣养动物的那些人,是动物饲养人。

对于重构和分析法律论证时逻辑的贡献力之问题有决定意义的是所用逻辑运算的外延性观念。因为外延逻辑系统不能把握意义关联,导致了"p 是 q 的论据"之关系,不能在这种系统中被适当地说明。不能表达基本的论据功能之图示,对分析论证的目标却不大适合。罗特罗伊特纳适切地指出,在逻辑重构判决之证立时,很大一部分叙述成为了模式选择性的牺牲品。(Rottleuthner 1980, S. 87)吕斯曼的叙述非常清晰地展示了,运用陈述或谓述逻辑图示,带来了误会法律论证的危险。

2.1.5 论证和逻辑推论之间的关系

2.1.5.1 逻辑规则的无创造性

根据上文所说的演绎证立之循环性,逻辑推论规则不能被误解为论证和证立主张的规则。逻辑规则决定了一个主张的内涵;它确定了以一定语句(一定文义)主张了什么。(von Savigny

1972, S. 243; 亦参见 Gethmann 1980a, S. 18 的证明)这意味着逻辑的推论让一定主张的内涵(部分地)清晰了。恰恰是一般逻辑学和法律逻辑学的领袖人物总是一再强调(只需参见 Weinberger 1971, S. 567),借助形式的推论方法得不到未隐含在前提中的东西。揭示暗含的主张不同于证立这一主张。只要逻辑规则确定了一定主张的内涵,它就有和语言规则相似的功能(von Savigny 1972, S. 243);像语言规则一样,它也提供不了能够证立一定主张的规则。

演绎 – 逻辑推论不能理解为证立意义上的论证。这一事实不意味着经典逻辑的规则对法律论证没有意义。通过它——如同语言规则一样——确定以明示的主张暗含地主张了什么。这种规则禁止或允许以其他的明示主张,补充一定的明示主张。正如语言规则禁止,以主张"A 结婚了"来补充"A 是单身汉"的主张,逻辑规则也禁止同时主张"A 是单身汉"和"A 不是单身汉"。如果视论证不仅是通过其他主张证立一个主张,而且是从一个明示主张过渡到另一个明示(却已经隐含在第一个主张中的)主张,那么逻辑规则正如语言规则一样,可以解释为论证规则。是否运用狭义(限于证立)或广义的论证概念,是一个术语问题,只要证立主张和澄清隐含的主张之间的区别不被混淆。

2.1.5.2 法律思维中的非经典逻辑系统和推论程序

谈到逻辑规则不得支持这样的误解:逻辑拥有着封闭的、排除理性怀疑的、典范规则之存在。在现实中,存在着众多竞争性逻辑系统。它们就其规则存在,有时有相当的差别。这意味着:在系统 S_1 中逻辑上有效的,在系统 S_2 中却无效;在一个系统中相矛盾的主张,在另一个系统中却是兼容的。不同逻辑系统之并立,迫使各个学科决定,它们在确定论证标准时要求助于何种逻辑。(参见 Vernengo, in:Arnaud/Hilpinen/Wroblewski 1985, S. X)

对这一选择之必要性的意识,现在当然显得不大清楚。法理论中大多数人诉诸经典运算,却不证立选择这一运算或者仅仅显明这一选择。这就此而言是令人惊讶的:“运用”经典运算到法学论证上,绝不是没有问题的。比如在基于经典运算的道义标准逻辑之框架内,可以构造义务的矛盾,这种矛盾在相竞争的数学直觉运算*和最小逻辑**的运算之系统中,不能或只能以削弱的形式产生。(参见 Gethmann 1980a, S. 25)以经典逻辑为基础时,可以从符合事实构成之行为的非违法性推到其合法性。而刑法教义学,根据通说,却只允许相反的推论。根据数学直觉运算——其中与经典运算不同,既没有双重否定原则,又没有排中律生效——虽然能从合法性推到非违法性,但不能从非违法性推到合法性。(参见 Philipps 1964, 1966; 批评参见 von Savigny 1972; Kalinowski 1973, S. 113 ff.)

---

* 在数学哲学和逻辑中,直觉主义(直观主义)或者新直觉主义(对应于前直觉主义),是用人类的构造性思维活动进行数学研究的方法。任何数学对象被视为思维构造的产物,所以一个对象的存在性等价于它的构造的可能性。这和经典的方法不同。因为根据经典方法,一个实体的存在可以通过否定它的不存在来证明。对直觉主义者来说,这是不正确的:不存在的否定不表示可能找到存在的构造证明。正因为如此,直觉主义是数学结构主义的一种;但它不是唯一的一类。直觉主义把数学命题的正确性和它可以被证明等同起来;如果数学对象纯粹是精神上的构造,还有什么其他法则可以用作真实性的检验呢(如同直觉主义者会争论的一样)?这意味着直觉主义者对一个数学命题的含义,可能与经典的数学家有不同理解。例如,说 A 或 B,对于一个直觉主义者,是宣称 A 或是 B 可以被证明,而非两者之一为真。值得一提的是,只允许 A 或 ¬ A 的排中律,在直觉主义逻辑中不被允许;因为不能假设人们总是能够证明命题 A 或它的否定命题。——译者注

** 最小逻辑(核心逻辑)是没有它就不可能论证的那部分逻辑。它占据着特别地位:它在论证之内不能被修改,因为任何论证努力都以它为前提。所以,它只能和论辩活动本身一起被放弃。通过检验需要何种规则以反驳最容易反驳的系统,可以构造出最小逻辑。——译者注

爆炸原理*（Ex－falso－quodlibet－Theorems）的问题，在法律论证中也可解释为适当逻辑运算之选择的问题。（参见 Weinberger 1975）承认这一理论为论证规则将导致，论证中的矛盾将有可推导任何语句，并因此将“炸碎”整个论证的后果。尽管这种后果与直觉相抵触，但它在法理论的文献中被普遍接受了。（如 Tammelo 1977，S. 101，111；批评参见 Neumann 2005，S. 117 ff.）它可以被避免，如果不求助于所谓古典运算，而是诉诸所谓的“最小逻辑”运算；因为爆炸理论虽然在经典（和数学直觉）的运算中有效，但却不在最小逻辑运算中有效。（参见 Gethmann 1980，S. 15，36）同样的结果也可通过运用次协调逻辑而达到。（Neumann 2005，S. 117 ff.）

在论证理论的框架内于不同演算之间选择的必要性，表面上是一个仅仅合目的决定的问题；但它根本上涉及了逻辑和论证之关系的问题。因为只要有必要在不同演算之间选择，并不是（一种）运算的规则确定了论证的标准；毋宁说论证决定着逻辑运算的适当性。但这意味着：相对于逻辑运算理论，论证的标准优先。

因此，还以它为例子，在科学或非科学论证中，要证立爆炸理

---

* 爆炸原理是经典逻辑中陈述从矛盾中可以得出任何事物的规则。用更加形式化的术语，从形如 $P \wedge \neg P$ 的任何命题，可以推导出任何任意的 A。“爆炸”指称接受一个单一的矛盾到一个系统中会导致整体定理的“爆炸”。除了矛盾一目了然的不真实性之外，这是对在形式系统中不允许 $P \wedge \neg P$ 为真的主要逻辑论证：所以爆炸证明了矛盾律的正当性。考虑下列证明：

假定（1）$P \wedge \neg P$；

通过（1）和合取除去，得到（2）P；通过（2）和析取介入，得到（3）$P \vee A$。

再通过（1）和合取除去，得到（4）$\neg P$。

通过（3）、（4）和选言三段论，得到（5）A。

但是，次协调逻辑拒绝上述推理，通常声称要么析取介入要么选言三段论是无效的；特定的次协调逻辑双面真理，为了接受 $P \wedge \neg P$ 的特定实例而拒绝这种论证。——译者注

论的效力，不能仅仅指出涉及经典逻辑理论；不如说反过来要检验，是否这一理论符合理性论辩的标准。(Neumann 2005)能够要求对法律和任何其他理性论证之理论和实践具备根本意义的，不是形式逻辑的系统，而只是作为理性论辩规则之重构的逻辑。运算的转化规则要根据它与理性论辩之规则一致性的尺度衡量，而不是它反过来能被提升为理性论证的尺度。对"逻辑的论证基础"(Kambartel 1979)之认识，既证立又同时相对化了逻辑对论证理论和实践的意义，恰恰对适当判断逻辑在法律论证理论框架内拥有的角色，恐怕是根本性的。

2.1.5.2.1　归纳逻辑

认识到演绎－逻辑之重构法律论证不当，有助于尝试在分析法律论证时诉诸所谓的归纳逻辑。(Wittmann 1978, S. 43 f.; 1983, S. 336 ff.)其背后的愿望是，即使在运用演绎－逻辑工具不适当之处，也不放弃以逻辑分析进行理性控制。在论证理论视角下，这一努力之所以有意义，主要在于不仅(由维特曼所拒绝的)诉诸卡尔纳普意义上的归纳逻辑推论，而且(由维特曼所偏好的)运用支援逻辑关系——它依据谓述"被较好地支援"，相比陈述逻辑的蕴含，更好地适于重构"p 是 q 的论据" 之论据关系。

2.1.5.2.2　设证

尚未终局判断的是由皮尔斯所得出的设证程序之贡献力(L. Schulz 1988, 1994; Lege 1999, S. 360 ff., 445 ff.)，它作为对小前提的推论，与演绎(对结论的推论)和归纳(对大前提的推论)并列。根据皮尔斯经典的"豆子例证"(L. Schulz 1994, S. 197; Lege 1999, S. 445 ff.; A. Kaufmann 1999, S. 51 ff., 2001, S. 349 ff.)，符合演绎推论的是：

——这个袋子中的所有豆子都是白色的；

——这些豆子是从这个袋子中拿出来的；

——这些豆子是白色的。

符合归纳(对大前提的推论)的是：

——这些豆子是白色的；

——这些豆子是从这个袋子中拿出来的；

——这个袋子中的所有豆子都是白色的。

对小前提的推论是设证的是：

——所有这个袋子中的豆子都是白色的；

——这些豆子是白色的；

——这些豆子是从这个袋子中拿出来的。

这种推论对犯罪的事实调查和法官的事实认定之意义，已特别由舒尔茨(L. Schulz 1994, S. 202 f.)所强调(Kaufmann 1999, S. 51 ff.；亦参见 Seibert 1996)。在法教义学领域(基础文献参见 Lüderssen 1972)，它却充其量只有重要的启发功能。

2.1.5.2.3 模糊逻辑

对重构法律论证而言，提供了古典逻辑一个有趣替代选择的是，基于模糊集合之逻辑(“模糊逻辑”)的“近似性推论”的模式。它由洛塔·菲利普斯为法律领域发展出来。(Phillipps 1991, 1993, 1995, 1996)与经典的二值逻辑——根据它一个要素或者属于或者不属于一个集合(排中律)——不同，根据模糊逻辑，一个要素可以在或多或少的程度上属于一个集合(Philipps 1995, S. 405 ff.)。经典的二值逻辑在其运用中只允许清楚地确定，是否一个概念可以或不能适用于一个对象或事实，即适合于带有清楚界限的精确概念；而模糊逻辑却考虑这样的事实：概念常常是模糊的。例如，基于模糊逻辑的“不精确涵摄理论”(Philipps 1995)能考虑到这个事实：事实－成分到事实构成之下的可涵摄性，可能在不同程度上清楚或有疑问。菲利普斯从中得出结论：对事实构成的可适用性全部要通过整体衡量来决定，整体衡量不仅考虑“是否”，而且还考虑“在多大程度上”实现了各个事实构成要件。比如“在整个事实构成之下的可涵摄性比起疑难事实构成要件的任何一个要件本身之下的可涵摄性,要小得多”。(Phillpps 1995, S. 411.)另一方面,一个成分的弱形态可以通过另一个成分的强形态来弥补。(Philipps 1995, S. 414)(古典的)逻辑推论,这里仅仅作为通常要接受的“非特定的经常类推性推论”的“边缘情形”。(Philipps 1991, S. 279)

2.1.5.2.4　非单调逻辑

非单调逻辑系统的发展比传统的单调系统能更好地适应复杂论证的现实结构,使得可能并要求原则上重新确定(法律)逻辑和(法律)论证的关系。对非单调逻辑标志性的是,扩大前提的集合有可能导致限制可推导出之语句的集合。而在单调逻辑中,逻辑上有效的推论,不会因为扩大前提集合而变得无效。有趣的标准例证是:忒蒂是一只鸟的前提,昭示着忒蒂能飞的结论。根据进一步的信息——忒蒂是一只企鹅,能飞的推论就会被“收回”。(参见 Rüssmann 1996, 例证在 S. 139, Anm. 9)

对法律论证这种系统因此是有趣的,因为它允许描绘规则 - 例外 - 关系:通过例外或例外规则,一般规则不会像在单调逻辑那样被证伪,而是仅仅在其适用范围中被限制。由此,它更多地在允许例外的图尔敏推论规则的意义上(参见上文),而不是古典逻辑系统中的前提之意义上被理解。(对于法学取向的非单调逻辑之不同概念,Gordon 1993; Prakken 1993; Sartor 1993,1994; 清楚的说明,Ratschow 1998, S. 147 f.; 概览,Neumann 2004, S. 318 f.)。

2.1.6　特定法律论述之逻辑结构

2.1.6.1　当然论述

对于法律论证理论,逻辑规则和论证标准之关系的问题,不仅在是否所有逻辑规则能被接受为论证标准的视角下提出,而且在相反的意义上提出,即是否典型的法律论辩之形式构成了逻辑上正确的推论。这大概对当然论述、类推和反向推论成为了问题。

关于这些推论形式是否涉及逻辑的推论图示，还是仅仅是说服性（非必然、可能的）论述，是有争议的。（参见 Rödig 1976，S. 72 ff.）

这些推论之逻辑结构的捍卫者主张，在这些推论中有问题的不是推论模式，而是前提的证成。（基本文献：Alchourrón 1965；重要的还有 Klug 1982，S. 109 ff.）大概无争议的是，当然论述的推论形式（对此富有启发的是 Joerden 2010，S. 352 ff.），可通过添加一个所谓的“遗传性主张”作为进一步的前提，而变化为普遍有效的推论形式。正如阿尔术隆根据下面的例子所说明的：

（P^1）Ex：（可以 12% 的年利率贷款）

（P^2）Rxy：（以 12% 年利率贷款比起以 8% 年利率贷款更贵）

（P^3）ErB（E，R）：（比被允许的贷款较不贵的贷款，是允许的）

（S）Ey：（以 8% 年利率贷款是允许的）

这个推导在形式上有效，如果以下列方式重新表述它：

（P^1）Ex：（x 是允许的）

（P^2）Rxy：（x 比 y 有更强的 R 特征）

（P^3）（$Ex \wedge Rxy$）→ Ey：（如果 x 是允许的，并且 x 比 y 有更强的特征 R，那么 y 也是允许的）

（S）Ey：（y 是允许的）。（参见 Herberger/Simon 1980，S. 166）

这个例子展示了，有可能通过添加一个额外的前提，把当然论述的论证形态转塑为形式有效的推论图示；这同样适用于类推论述。（Alchourrón a. a. O.）然而，要考虑是否由此为理解这种论述形式的结构，获得了决定性的东西。因为正如上面的说明所展示的，论述形式的形式有效性，通过添加这个主张而达致：前提（P^1）和（P^2）蕴含着结论（P^3）。但是以这种方式，任何论证都可以被无意义地转构为逻辑上有效的推论。

对所谓的“典型法律”推论形式进行逻辑重构的反对者,由此可以指出,被证明了的不是当然论述和类推论述的逻辑结构,而仅仅是可能通过引入另一个前提——其在论据和要证立的主张之间产生如果-那么的关系——将非演绎的论述转化成演绎论述。可能不会有争议的是,在运用当然论述和类推论述时的证立问题,实质上是同样的,无论是否把它视为从前提向要证立之主张的论证性过渡的问题,抑或一个普遍有效之推论形式中一个额外前提的可接受性问题。

这些证立问题即使在允许推论似乎很明显的地方,也要认真对待。这由对比阿尔术隆的例子和佩雷尔曼(Perelman 1979, S. 82)引入讨论的法律规整所澄清。从12% 利率的允许性推到8% 利率的允许性,特别吸引人。因为人们并非任意地在“允许直至以12% 的年利率贷款”的意义上,理解前提 P^1“可以12% 的年利率贷款”。这一解释不能依据两种利率间的数学关系,而是需要实质证立。由佩雷尔曼对比利时的汪德尔维尔德法(Lex Vandervelde)之规整的提示所澄清,根据它出售烈酒只在最低量为两升时才允许(对其背景,参见 Perelman, a. a. O.)。这里,举重以明轻,从允许出售两升的量推到允许出售更少的量,将导致错误结论。

2.1.6.2　类推与反向推论

这同样也适用于在实践中起相当作用的类推推论。(基础文献,Canaris 1983; A. Kaufmann 1982; 亦参见 Alexy 2005; Brozek 2008; Joerden 2010, S. 356 ff.)这里也可能借助添加额外的前提,赋予论证以逻辑的有效性。(Alchourrón 1965)由此对论证的信服力却未获得什么。以计算机把握法律的类推推论(同时不以引入额外的前提而使问题无意义化)之努力,将在多大程度上成功,尚要拭目以待。根据较新的思路(“神经元之网络”理论),为此而将论证重构为形式有效的推论并不必要(富有启发的, Philipps 1991)。

是否"典型法律"之论述(类推、当然论述、反向论证)的可推导性,是一个前提选择的问题,抑或从前提到须证立之主张论证性过渡的问题,也决定了对类推和反向论证之逻辑可交换性的讨论。谁要是主张,代替类推推论,逻辑上总可能有反向推论(比如 A. Kaufmann 1982, S. 36),选作论证前提的(只)是事实构成和(论证要联结之)法律的法效果之间的蕴含。与蕴含式 p→q (例如,如果侵犯主观权利,那么损害赔偿)逻辑上相容的不仅有蕴含式 r→q(例如如果侵犯占有——根据德国民法教义学占有不是主观权利,那么损害赔偿),还有蕴含式┐p →┐q (如果没有侵犯权利,则没有损害赔偿)。

就此而言,类推推论和反向论证在逻辑上是等值的。符合这些推论的蕴含式,都不会由被理解为蕴含式的法律规整排除(当然这些蕴含式也都不会由法律规整在逻辑上蕴含)。这意味着:如果仅仅将法律的如果 – 那么关系选作类推推论或反向推论的前提,那么事实上两种推论形式在逻辑上有同等资格;因为二者都既未由法律规整所包括,又未由其所排除。两种推论(逻辑上)的可互换性,是将它们解释为非逻辑推论形式的后果。

相反,谁要是认可两种推论形式逻辑上的普遍有效性,并因此将两种论述之间的抉择解释成前提选择的问题,就必然否认二者的可互换性。反向推论只有在这时逻辑上有效,即当通过一个条件式(只有当侵犯了权利,才有损害赔偿)替代法律的蕴含式时(如果侵犯了权利,那么有损害赔偿),或者将它强化为充要条件。(当且仅当侵犯权利时,有损害赔偿;和这里一样,Gast 1988, S. 228;对反向推论之逻辑有效性的问题,Puppe 2006, S. 309 f.;总结性的,Puppe 2008, S. 128 ff.)那么类推推论在逻辑上却被排除了。因为它的前提是,法效果不仅出现在法律所提到的条件之下。

因此,当事实构成和法效果之间的关系是条件式或充要条件时,如果主张"在逻辑视角下,可在类推和反向论证之间选择"(Bund 1983, S. 190; Gast 1988, S. 228)是让人误解的。如果涉及条件式或充要条件,那么反向论证在逻辑上是必然的,因而对类推没有余地。然而,是否事实构成和法效果之间的关系是蕴含式、条件式,抑或充要条件,却不是逻辑的问题,而是法律解释的问题。它除了其他的视角以外,还要取向于法律条款之"类推能力"的视角。这里也要承认,诉诸逻辑有助于澄清而非解决法律论证的问题。

2.2 法律论证的证伪模式

消极哲学的思想——对事物人们不能知道它们是什么,而只知道它们不是什么;转用于法哲学,则人们不能认识公正,而只能认识不公正(参见 Kaufmann 1984, S. 15; 1984a, S. 122; 1997, S. 150)——以科学理论的外表又出现在批判理性主义的主张中:科学假设不能证实,只能证伪;不能证明,只能反驳。代替对科学主张的最终证立企图——它按照批判理性主义拥趸的见解,必然结束于循环推论、无限后退、任意中断论证(明系豪森三重困境)——出现了批判性检验的努力;一个假设在经受住证伪它的努力之程度上,证明自己。

2.2.1 批判理性主义和法学

依赖证伪理念的检验科学假设之模式,是否能够转用到法学上的问题,在新近的法理论中引发了激烈争论。拥护批判理性主义的法理论家们(Klaus Adomeit, Peter Schwerdtner, Rober Weimar, Reinhold Zippelius,在一定限制下还有 Friedrich Müller)面对着批评者,后者有时根本上质疑批判理性主义的科学理论观念,有时恰恰质疑其作为法学工作模式的适合性。(Schefold

1975,1983; Kaufmann 1975; Westermann 1977)在这场论争中,阵线的分布不总能确切地被辨别。和这有关系的是,批判理性主义显然的支持者不承认教义法学的科学性,并想将法学化简为(为了实现目标而选择一定手段的)社会技术(Albert 1972; 1978, S. 65 ff.; 1993; 1994, S. 164 ff.; 亦参见 Hilgendorf 1997, S. 108 ff.; Bydlinski 1991, S. 5);而另一方面还有人试图以批判理性主义的科学理论为基础,证明法学的科学性(von Savigny 1976, 1976a)。

对于法律论证理论,这场关于法学之科学理论归属的争论,只有间接意义;在论证理论视野下引人注目的问题是,科学假设的证伪模式是否对法律论证有所裨益。对此的前提恐怕是,波普尔模式明确关涉的经验论证和法教义学论证的结构相同。

2.2.2 科学理论中的证伪模式

经验科学中检验假设时必须诉诸证伪模式,因为逻辑上不可能从有限数量的单称语句中,推导出无限的全称命题。想要使得这种推导可能的归纳原则,被波普尔置于了否定性批判之下。(Popper 1984, S. 3 ff.)简单来说,即便证明有那么多黑乌鸦,也不能证明所有乌鸦都是黑的。但它却可以通过证明一只不是黑的乌鸦而被反驳。因为经验科学理论有无限全称语句的结构,所以,自然科学的认识总是只有暂时性。理论只能被间接地证明,即通过证伪努力的无成效。

理论可以通过基础语句而证伪,它们根据其逻辑结构是单称的"有……"之语句,并且根据其实质内涵是对可观察之事件的描述。因此,基础语句有这样的形式:"在空间-时间-点 k 有这个和那个。"(Popper 1984, S. 67)从这种结构的语句中,可以推导出一个普遍的"有……"之语句;从"在空间-时间-点 k 有一只白色的乌鸦"之单称语句中,逻辑地导出普遍的语句"有白色(非黑色)的乌鸦"。这个语句和主张"所有乌鸦是黑的"处于逻辑矛盾中;两个语句相互否定。因此,从逻辑上看,证伪关系是对称的;全称语句证伪了“有……”之语句,正如“有……”之语句证伪全称语句。相反,从方法上不可能对“有……”之语句证伪,因为只有存在命题才描述了可观察之事件,并因此保障科学主张的经验联系。

2.2.3 法学中的证伪模式

如果要问这一模式揭示法教义学论辩之结构的能力,那么首先必须区分两个视角。一个视角涉及科学理论的经验基础。无须强调,法学方法就此而言展示了特殊性。法教义学假设并非由经验的基础语句而证伪;“所有侵占拾得物的人,应被刑罚”之语句,不能通过证明一个尽管有相应行为,却未因为侵占拾得物而被刑罚的人所证伪。至少就其基础而言,法学区别于经验科学。

完全不同的问题是,法教义学论辩的逻辑结构是否以证伪模式适当地表达。科学假设之证伪的原则,并不必然以证伪性基础语句的经验性为前提。当然要注意的是,证伪模式在方法论上只在这时有意义,即当基础语句展示了高度的主体间性时。在经验科学领域,这一主体间性通过观察的显然性而保障。因此这个问题取决于,是否能找到一个控制机构,它为法学领域承担了观察显然性的功能。

对这一问题,埃克·冯·萨维尼为德国的刑法科学做了肯定回答。根据冯·萨维尼的观点,刑法科学在科学领域上可被理解为一个价值假设的系统(von Savigny 1967, S. 95)。这些假设可以通过作为基础语句的、奠基于价值显然性的价值判断而证伪。价值显然性分享了观察显然性之所有科学理论上重要的特征;特别是像后者一样,导致了通过非任意赞同而对论证达成一致。

通过基于价值显然性之基础语句而证伪的假设,有和经验科学中假设相同的逻辑结构;在两种情形中,都涉及具有实践中无限大适用范围的全称语句。相比之下,就基础语句的逻辑结构而言,却似乎有一个不对称。经验科学的基础语句有单称的“有……”

之语句的形式，由此展现了存在语句，而非全称语句的逻辑结构。(Popper 1984，S. 68)

与之相对，法学的基础语句中表述的评价，通常不涉及一个具体个案，而是涉及能够随便经常出现的、一定结构的众多案件。被经历为不公正的并非一个具体个案的，而是一定案件情境的假设裁判。如果因为种族耻辱而判决妇女 A 有罪，被经历为不公正，那么是因为种族耻辱之犯罪事实构成的正当性原则上不被接受。即使在评价取向于个案的具体情况时，评价也不是通过单称的、而是通过普遍的语句而表述；因为它必然包括了其中出现了的被认为重要之情形的所有案件。评价的全称语句特点，正如冯·萨维尼所强调的(von Savigny 1976，S. 132)，是可普遍化要求的一个后果(基础性文献，Hare 1981，Kap. 6)：就一个具体行为作出道德判断的人，必须愿意给与这一行为在所有相关点上一致的所有行为，作出同样的判断。

法学基础语句的这一特征是否迫使在法学领域中摒弃证伪模式？冯·萨维尼作了否定回答。一方面，即使经验科学的证伪性基础语句，也经常构成(暗含的)全称语句；比如证伪(假设"所有人都会死")基础语句"a 是人并且不会死"，包含了全称语句"没有一个 a 在那时会死的时点"。另一方面，本身看并未构成全称语句的观察报告，在检验实践中偶尔被看作构成了全称语句。在对实验结果提出了可复现性要求时，尤其是这样。(von Savigny 1976，S. 132 f.)如果通过求助评价而证伪，由于这种评价的全称语句特征得到了相对的性质，那么，正如冯·萨维尼所揭示的推论，这对经验科学并不陌生。法教义学的(潜在)语句，事实上(至少也)根据其(导致不公正的)后果而被证伪，按照冯·萨维尼(von Savigny 1967，1976)的判断分析，几乎不能被争议。

2.2.4　法学中接纳证伪模式的批评

主张证伪模式对法学有益，有众多的支持者(在细节上有相当的不同:Canaris 1993, S. 386; Damas 2003; Potacs 1994,2004; Schlink 1976,1980; Weimar 1984a, S. 721),但也遭到了明确地批评(Koch 1977; 1990, S. 89 ff.; Giaro 1994, S. 293 ff.; Schefold 1983; 1991, S. 252 ff.; Eidenmüller 1999, S. 58 ff.; Huster 2006, S. 388; Looschelders/Roth 1996, S. 115 ff.)。如果不考虑根据这种观念,(不仅教义学语句,而且)法律条款也要能够证伪(Schefold 1983, S. 85)的指责,那么异议主要集中在下面的各点上:

1. 表述评价的"基础语句"有全称语句的结构;因此缺乏对波普尔证伪模式具有构成性的、在假设和证伪性语句之间普遍性程度上的差别。(Koch 1977, S. 368; Schefold 1983, Fn. 69)

2. (实证法和)法学的规范性确定符合的不是经验假设,而是本质陈述;与经验假设不同,本质陈述不能根据个案判断而证伪。(Schefold 1983, S. 95 ff.)

3. 根据例外案件之评价的衡平性而纠正规范,不能理解为对规范的规范性证伪,而应作为通过另一个规范性确定对其进行补充。(Schefold 1983, S. 100 ff.)

4. 证伪原则,作为法官活动的原则,不能和唯一正确裁判的理念相容;而法官(不是在本体论主张,而是康德的规整性原则之意义上)应该取向于这种理念。(Eidenmüller 1999, S. 58 f.)

2.2.4.1　证伪性语句的全称语句特点

冯·萨维尼明确承认,在作为基础语句而发挥功能的衡平考量那里,涉及明示或暗示的全称语句;就此而言,这一点上批评者们在撞一扇未关的门。有争议的仅仅是,是否这里有和经验科学之基础语句原则上的差别。

冯·萨维尼作了否定的回答。其论证是,即使在经验科学中,基础语句也经常是暗示的全称语句,或者在研究实践中至少被看作全称语句(参见上文)。科赫指责道,由运用倾向性谓述

(Dispositionsprädikaten)而来的自然科学基础语句之全称语句特点,并未导致,假设和证伪性语句在波普尔模式中有同样的普遍性程度。即使运用倾向性谓述,自然科学中的证伪性语句也只为一个特定案件表述了一个主张;相反,假设却为一定特征之情境的所有案件表述了主张。

这一批评可以根据下列例子而澄清:语句“a 是人并且不会死”是暗示的全称语句,因为它主张没有一个 a 在那时会死的时点。但这并没有改变这个语句,相比“所有人会死”的语句,至少在一定视角下有较低的普遍性程度;因为相比后者,它仅仅涉及一个人,而非所有人。相比之下,语句“必须尽可能避免对孩子的侵害”,比起“可以积极防卫违法侵害”的语句,在这一视角下并没有更低的普遍性程度,因为在两个事件中谈到了一定案件情境的所有实现情形。

这一批评的道理取决于,证明基础语句在自然科学和在法学中的不同逻辑结构,阻止转用证伪模式到法学中去。科赫必须证立:为什么他认为由此所导致的假设和证伪性语句间的普遍性程度之差别如此重要,以致允许确定,冯·萨维尼重构的判断与波普尔的证伪主义“没有关系”。(Koch 1977, S. 369)

科赫要给出这样的证立,如果证立不应被看作简单地主张:这一普遍性程度上的差别对证伪是根本性的。(Koch 1977, S. 366,377)要证明的是,在根据个案观察而证伪一个自然科学假设,和根据评价一定的案件情境而摒弃一个教义学语句之间存在着差别;它禁止在后一种事件中也用证伪的概念。

科赫后来提供了这样的证立努力:特定的全称语句不能证明为真;相比之下,可以“用单称的基础语句证伪,因为其为真可通过观察而确保”。(Koch 1990, S. 92.)这对经验科学领域(观察的领域)是适当的。这里有可能通过观察而消极地肯定全称语句为真(证伪主义的科学理论模式依据这个事实),这种语句不等同于单称语句之有限的联言项(特定的全称语句)。

但这不适用于其基础语句表达了价值显然性的学科领域。科赫忽视了,法律论证中证伪性基础语句的全称语句结构,恰恰是由于,价值显然性关涉的不是一个单独个案,而是它的案件情境、案件类型。如果把法学中的价值显然性接受为经验科学中观察显然性的功能等价物,那么就能够并且必须接纳全称语句之证伪者的角色。

如果讨论不限于一个术语之争的话,那么就必须在此证立地给出对一贯的证伪模式不可放弃的标准。只要这还未做到,指出法学和自然科学之基础语句不同的普遍性程度,是没有约束力的。

2.2.4.2　规则与个案

(与第一个异议有关的)第二个异议导致,在法律规则领域出现质疑假设之新的个案,有不同于经验科学的意义。可以把这个区别(不用有问题的"本质陈述"概念,Schefold 1983, S. 95 ff.)简要表述为,在法律规则领域不可能有令人惊讶之事。如果第一次出现的一定事实,促使纠正迄今被承认的规则,那么只是因为,它迫使在判断这一评价时,考虑其出现之前本应能够和必须被考虑的情境。并非这一情境的存在,而是其结构,迫使修正评价。(对此和下文参见 Neumann 1993, S. 168)

首先以一般科学理论中特别受欢迎的乌鸦为例:如果有理由放弃或限制(这里假设的)规则——"所有乌鸦受保护",那么这些理由就不涉及一个一定的案件,而是一定的案件情境。理论上在其事实上出现之前本来就能够考虑到。我们能被突然出现一只不黑的乌鸦吓到,而不会被突然出现一只不受保护的乌鸦所惊讶。

再举一个刑法的例子:根据德国刑法典的文义,以完全醉酒状态实施犯罪行为的行为人,就该犯罪行为而言,即使在他有目的地产生了完全醉酒的状态时,行为也没有罪责。德国对无罪责能力的规整(刑法典第 20 条),与许多其他法秩序不同,对自己担责的醉酒并无例外的规整。

这无论如何在这种案件中不令人满意:行为人有目的地醉酒,以能在刑法典第 20 条之条款的保护下实施犯罪行为。因此,刑法教义学通过所谓的原因自由行为之规则,限制了刑法典第 20 条之条款的作用范围,并且在这些案件中,违背刑法典地达致行为人的可罚性。这种对法律规整的部分“证伪”,却不依赖于社会现实中存在某些案件,其中行为人事实上因此而醉酒,因为他想要在——想象的——刑法典第 20 条的保护之下,从事一定的犯罪行为。

因此,这个异议让人注意到法学和自然科学证伪之间的无争议的差别,但只要尚未给出这一差别的意义,该异议在其影响范围方面还是不清楚的。法教义学假设可以通过想象的案件情境,以和通过现实的案件相同的方式被质疑,是冯 · 萨维尼所得出的价值判断之普遍性的一个后果。价值判断不同于观察报告,总是也涉及假设的事实。在这一点上决定性的问题就是,由批评者适当指出的特殊性,是否迫使对法学领域完全摒弃证伪模式。

2.2.4.3　证伪抑或修正法律规则?

第三个异议可能通过精确区分一个语句之证伪的逻辑程序,和研究实践中对假设之运用的决定而化解。语句“在完全醉酒状态中实施行为的人,对这个行为不负责”,被语句“以恶意产生的完全醉酒状态实施行为的人,对这个行为在刑法上负责”在逻辑上证伪了;如果接受后一语句,那么前一语句就不能以这种形式维持。

但这不是说,它应被简单地删去。承认故意的原因自由行为之案件中行为人的可罚性,当然不能导致把行为人完全醉酒的所有案件从刑法典第 20 条的适用范围中剔除出去。相反,可能必须通过一个更弱的假设,它将原因自由行为之案件排除于不受刑罚的范围,替代前一个假设。这在结果上导致了通过添加例外规则而修正该规范。

另一方面，可能产生某种必要，不是修正逻辑上被证伪了的假设，而是完全摒弃并通过完全不同的假设来替代它。比如“个别行为理论”，对于共同犯罪行为之企行始点的问题，根据各个共同犯罪人自己的行为而为任一人决定企行时点，就被完全摒弃而代之以“整体”理论，如果人们认为，“个别行为理论”通过“基础语句”——“让一个共同犯罪人的企行早于其他人开始，是不公正的”——而证伪。

是否被证伪的假设应被摒弃或修正的问题，是个案中的合目的性问题，并且不会通过运用证伪模式被预决。

对于把假设的逻辑证伪与对它的摒弃或修正如此区别，可能提出反驳：以例外案件进行规范性证伪的理念原则上错误，因为它不当地假设了规范性假设的绝对性要求。因此，谈到通过另一个相似的假设“替代”被证伪了的假设，是不适当的；毋宁说假设本身未被触犯，而仅仅通过修正它的假设而补充。这里正确的是，将法学的教义学语句和实证法规范更多地作为对例外开放的规则，而不是作为敌视例外的逻辑全称语句。这意味着，从例外案件看，规范性假设的“证伪”，没有必须再次从零开始的结果；毋宁说，对于常规案件，规范假设之效力未被触及。（参见 Schefold 1983, S. 100 ff.）就此而言，在通过例外规则补充规范性假设的情形中，谈及对假设的证伪，事实上不大有道理。另一方面，在根据衡平考量而完全摒弃一个教义学假设的地方，对这样的概念并不存在顾虑。

2.2.4.4　证伪主义和“唯一正确裁判”

是否证伪的方法与唯一正确裁判的理念，从一开始就不相容，在我看来是有疑问的。因为唯一正确裁判的理论，也未忽视这种认识：一种常见的裁判实践可能是错误的。证伪的方法可能是揭示这种错误的一种途径。但正确的是，法之适用者不能仅以证立裁判所依据的规则，迄今尚未被证伪而证成一个裁判。作为被赋予证成行为指示之任务的实践学科，法学不能放弃积极的证立。(Kaufmann 1999，S. 21；Neumann 1994，S. 382；Eidenmüller 1999，S. 58 f.)

2.2.4.5 结论

总而言之，根据科学假设之证伪模式重构法律论证之努力，其法理论的成就可能还不能终局判断。然而，毫无疑问，法理论要感谢批判理性主义带来的重要启发。

2.3 语言理论对法律论证理论的贡献

2.3.1 语言和论证

论证的进行是从一定的语句过渡到其他语句，因此是一个语言过程。结果是，语言理论和论证理论不能无关系地并存。另一方面，相比逻辑和论证(逻辑学和论证理论)间的关系，语言和论证间的关系以及语言理论和论证理论间的关系较不特定。这一差别来自于逻辑和论证理论为一方面、语言理论为另一方面的不同视角。逻辑和论证理论处理语句的转化；或者是等效的(逻辑)或者是非等效的转化。相比之下，语言理论的分析在根本上是静态的；它与各个语词或语句之意义，而非从主张到其他主张的过渡有关。当然，这一对立不得绝对化；它仅仅要澄清，语言理论和论证理论为什么在很大程度上相互独立地发展。

在法学领域对于语言理论的反思和论证理论的分析之间的关系，还有第二个视角。语言规则的存在、意义、可确定性，主要在文义对于解释的意义之视角下，特别是可能之文义的可能之界限功能的视角下引起了关注。由此所标示的问题却更多地是法学方法论，而非法律论辩理论的问题；涉及的是允许法官裁判的界限，而不大是裁判证立之有约束力的标准。

然而，在新近法理论的讨论中，语言理论和论证理论至少在两点上被汇聚在一起:一是在发展法官裁判之演绎证立模式的努力之框架内;二是在法教义学论证的语言批判分析中。

2.3.2 裁判证立时语义规则的作用

2.3.2.1 作为“语义”规则的法教义学规则

证立法律裁判的演绎模式本身,一开始并未提出语言理论问题。对法律论证是否和在多大程度上能够借助这一模式适当重构的问题,可以很大程度上不求助语言理论来讨论。通过在演绎的框架内赋予语义规则以地位,一方面由阿列克西,另一方面由科赫和吕斯曼所发展的“内部证成”模式(Alexy 1978, S. 263; Koch/Rüssmann 1982, S. 56,称为“主图示”; Koch 1990),获得了语言理论的重要性。为推导裁判而与一般法条一起运用的前提,只要它们未表述经验主张,就主要被界定为语义规则(参见 Rüssmann 1976, S. 254; Koch/Rüssmann 1982, S. 57; Alexy 1978, S. 278 f., 语词使用规则)。被看作语义规则的主张如“如果某人在近10年三次因为醉酒驾驶被处罚,他是不可靠的”(Koch 1976, S. 202),或者“有利于被继承人之情妇的遗嘱,违反善良风俗”。(Rüssmann 1976, S. 253 f.)阿列克西将联邦宪法法院在所谓的莱巴赫判决(BVerfGE 35, 202)中作出的确定:“如果指明犯罪人姓名的节目,要在他释放以后或在即将释放的时候播放,则通常认定危害再社会化”,以这样的形式重构:“在类似待决案件的情形,通过播放待决类型的节目所导致的,是危害再社会化”,并将它归入语义规则的特别情形。(Alexy 1980, S. 201 f.)

将这种语句定性为语义规则,有相当的法理论意义。它的结果是,法官裁判根本上作为语言关联的推论而出现。在查明法律概念之意义的地方,这是显然的;这里,裁判由法规则(法律)和语义规则的组合而确定。但是这还适用于不能用充分精确的语义规则,因此概念的意义应通过意义规定而具体化的案件中(对意义规定,Koch 1976, S. 208)。法之适用者规定法律概念之意义的观念,也根本上将他的工作化简为对概念和对法律的工作。(这里语义规则的表述当然能够依据实质的知识和考量;参见 Alexy 1980, S. 201)

2.3.2.2　批评

这种观察方式中恐怕存在着高估语义学的贡献能力,特别是高估它对法律裁判和法律论证可能有的意义。

2.3.2.2.1　高估语义学

只要与诉诸语义学相联的观念是,各语词获得的意义,不是通过语言使用的社会实践所传递的,那么这在认识论上是没有根据的。主要是弗里德里希·米勒周围的学者都适当地一再强调这一点。(Busse 1993; 2004, S. 7 ff.; Christensen 1989; 2005, S. 5 ff.; Christensen/Kudlich 2001 S. 46.; Müller/Christensen 2002, Rn. 208; 对于科赫和吕斯曼的语言理论假定,参见有时激烈的批评 Busse 1989, S. 93 ff; 1993; 有些不同的, Jean d' Heur 1989, S. 34ff.; 回应见 Koch 1991; 对于进一步的讨论, Hilgendorf 1991, S. 48 ff.; T. Wolter 1994, S. 118 ff.)如同法规则,语言规则只是一个社会的而非理想的存在。语词的意义,简单说,就是被作为意义而赋予给它们的东西。设想在语言使用之外能够查明一个意义,是一种幻想。

2.3.2.2.2　将实质问题误解为语言问题

在法律论证理论中过度强调语义的维度,倾向于将实质问题误解为语言问题。应该反对在所有上文列举的语句涉及表述语义规则。(除非人们想要将对法律语词的任何“解释”称为“语义解释”;Koch/Rüssmann 1982, S. 23－25; 却又有不同见解, Koch/Rüssmann 1982, S. 154－157; 对语义解释的概念持批评的, Sobota 1990, S. 84,“值得抱怨的语词”)在所谓的情妇遗嘱违反善良风俗的问题中,并不涉及语言规则,而涉及(法律上重要的)社会规范。(在这一关联中反对混淆实质问题和语言问题的还有

Schmidt 1979)问题是,是否有利于“情妇”的遗嘱在社会伦理上应以如此的程度否弃,以致遗嘱的无效是适当的法效果。如果对这个问题有所争议,那么不是因为不同立场的代表想要在不同意义上使用“违反善良风俗”的概念,而是因为他们在社会伦理上对这样的遗嘱处分作了不同的评价。

根据给出的例证、对邦格未认识到的差别(Bung 2004, S. 96),如果用另一个例证澄清的话就是:如果联邦宪法法院的法官争论,是否兄妹乱伦的犯罪事实构成(刑法典第173条第2款第2句)违宪,那么他们争论的不是“违宪”之概念的意义。否则只能建议他们对共同的术语达成一致(这是任何理性讨论的前提),而任何就法规范之合宪性的争论从定义上就排除了——一个显然荒唐的假设。将讨论化简为术语的分歧遮蔽了这种认识:最终是法之适用者的评价,决定赞成抑或否定规范的违宪性(正如情妇遗嘱的违反善良风俗)。至少科赫和吕斯曼藉此考虑到了对他们称为“语义”规则之法－规范特点的认识:他们将这些规则明确地作为演绎裁判证立之规范前提而引入(第119页)。问题却仍是,将规范上富有内涵之语句称为语言规则(语义规则),是否合适。(进一步参照 Neumann 1990, S. 149; 对语义规则的规范性特点,参见 Günther 1988, S. 291; Alexy 1995d, S. 62)

2.3.2.2.3　通过法之适用者的“意义规定”?

通过法之适用者规定法律概念之意义的观念,不仅在法理论上,而且在语言理论上特别有问题。“意义规定”(Festsetzung)意指的无非是施加义务地宣称,以一定方式使用一个概念。(von Savigny 1980, S. 23)但科赫意义上的“意义规定”却将导致,使另一个人(立法者)负有义务,已经以一定意义使用了一个概念;或者使自己负有义务,以一定意义理解一个概念。后一种可能性恐怕也几乎不可接受。如果将这里的“理解”看作认知的过程,那么这一自我施加义务就流于空洞了:不能使自己承担达到一定认识的义务。另一方面,如果放弃理解的认知要素,那么就不再涉及决定支持一定的语言规则,而是确定一个行为规则:法官给自己施加了义务,在所有有关规范涉及的案件中,前后一贯地裁判。例如在借助盐酸伤害受害人时,根据刑法典第223a条(“危险武器”)判决。将一条法律规则“具体化”的法官,不是(在语义学意义上)进行了“意义规定”(创造了意义),而是表述了一条裁判规范本身。

下面的例子可能澄清在具体化规范的情形中,意义规定的理念误入歧途。如果一位父亲在他死之前不久,表达了希望他的儿子投身于学习自然科学的愿望,而想要实现这一愿望的儿子随后开始了物理学的学习,那么恐怕不能说,他以此规定了父亲表述中的、“自然科学专业”之概念的意义。儿子在父亲愿望所给定的范围内,作了一个决定。这与法官在“适用”一个未完全确定具体裁判的法条时,并没有什么不同。

当然,就法官有义务表述具体化规范的一条普遍规则而言,两种情形有所差别;并且以可普遍化原则,也证立了说明语言使用规则的要求。(Alexy 1978, S. 279)但是可普遍化原则仅仅要求,法官将其裁判根本上取向于规则;这里必然恰恰涉及语义规则,至少未由可普遍化原则规定。

2.3.2.2.4　语义学与语用学

2.3.2.2.4.1　界分

联系到其中强调了具体化法规范时语用学之意义的作品(Podlech 1971; Schlink 1976; Neumann 1977;),科赫和吕斯曼后来在相当程度上限制了语义解释的范围。由此不再坚持,法律概念,像他们之前提到的概念——“特别的个案”那样,通过说明接纳一个特别的个案于其下之前提,被语义地解释(Koch/Rüssmann 1982, S. 157)。科赫和吕斯曼这里想要更多地谈到语用的解释。

对这种限制应予赞同。(对这种语用维度的考虑,持批评态度的不仅有科赫和吕斯曼,还有 Bung 2004, S. 85 ff.)只能就此而言将概念的具体化认作语义解释:其约束力能够根据“天真的言说者”之规则能力而认识到,即根据对有关语言规则的认识而产生。但是,在具体化“特别的个案”之概念时,如同具体化平等原则,需要超出纯粹的语言能力之外的规则知识。

2.3.2.2.4.2　例证:“例外案件”

这可以通过和一条规定的对照而澄清:当且仅当一定机构赞成时它才允许偏离于某条规则。在两种情形中,规范仅仅规定了一种程序:在《基本法》第3条的平等原则或者“特别的个案”那里,要寻找能够证成不平等对待或例外的理由,而在后一个规定那里,则要询问主管机构。

这个对照有助于消除一个误解,它负担了讨论有无可能,剥夺一个规范的语义内涵,同时认可其一个语用内涵。勒迪希出于多种原因认为,对一个语义上无内涵的法条却要赋予其语用的内涵,是有问题的。(Rödig 1972, S. 246 ff., 251.)其中之一是因为,视有关的法条为要求遵从一定的程序(寻找不平等对待的好理由),显然以规范之相应的语义内涵为前提。

然而,就为了判断案件而采取的方式而言,法条是否有信息量(并就此而言语义上富有内涵)的问题,必须和完全不同的另一个问题清楚地分开,即法条就其排除一定的事实而言是否有信息量的问题(语义上富有内涵)。第二个例子(即询问主管机构)澄清了这一事实:对于一个允许“例外案件”偏离于规则的规范,人们至少能够试图将界定例外的范围,解释成确定或规定“例外案件”的意义,而这种可能性在第二个例子中一开始就被排除了。但是,在两种情形中,除了语言能力还需要额外的知识:在第二种情形是了解主管机构的决定,而在第一种情形是允许有意义地表述例外事实构成的规则能力。为此必要的是非语言规则的知识。

这种规则——这是决定性的一点——能够清楚地区别于语言规则。在今日中欧的法文化中清楚的是,例外案件不会因为裁判的当事人是法官的好朋友而出现。但是有可能存在法秩序,其中法官和当事人的紧密关系,是决定偏离于规则的好理由的情况。然而很少有意义的是,说“例外案件”这个词,在认可人际关系为“例外案件”的法秩序中,相比在不认可这个的法秩序中,有不同的意义(不同的语义内涵)。不同的仅仅是这个概念所提示的语外规则之内涵。

相似的也适用于“善良风俗”的概念。是否法律行为违反了善良风俗的问题,不是根据善良风俗之概念的语义解释,而是通过辨别相应的前法律规范来决定。(Stamatis 1995, S. 217)

2.3.2.2.4.3　法律适用时语义规则之意义的相对化

一定的意义仅仅根据语言能力而能被接受或摒弃,抑或为此而需要另外的信息或规则能力,根据这个视角界分语义规则,适于将法律“适用”时语义规则的重要性相当地相对化。因为在非常少的案件中,有可能仅仅(根据法律并)根据一般语言能力决定法律问题;而且“可能之文义”的界限功能也渐渐被怀疑地判断了(例如 Gast 1980,1985)。

即使克拉特(Klatt 2004)雄心勃勃地试图诉诸布兰恩德姆(Brandom 1991),为文义界限创造一个新的交往理论基础(亦见 Klatt 2005),恐怕也不能改变什么。(对这一努力持批评的 Kudlich/Christensen 2007, S. 128－142.)对于法律论证理论,语用进路——正如它作为论题－修辞的进路之基础,并且被比如“构造性之法理论”的“学派”所追求(Müller/Christensen 2002; Busse 1993; Christensen 1989; Christensen/Kudlich 2001.)——相比固定在确定或规定语词意义的语义模式(亦参见 Stamatis 1993, 1995),更现实并且更有成效。由莱尔西(Lerche)所主编的三卷本作品《法的语言》(2004, 2005;对各个论文之概览见弗里德里希·米勒的书评,Müller 2007, S. 270－293),提供了一个对法语言学之多学科研究的当下状况之概览。

2.3.3 作为法律论证之批判的语言批判

2.3.3.1 法概念之物化

语言理论上开启的对法教义学论证之批判的出发点是,对未经反思的语言理解所呈现之物化的疑虑,这种物化导致了法律论证中评价上未证明或证明不了的论证性过渡。(D. Horn 1966; Neumann 1979; Rodingen 1972; Seibert 1972; 详见 Herbert 1995)法教义学的陈述结构,诱使将这些语句解释为对法律事实的描述,而非缩减了的行为指示。在这个意义上,语言批判同时是本体论批判。(Gast 1997, Rn 286 ff.; Grasnick 1996; 对修辞学开端之本体论的批判成分,参见下文 3.1)

法教义学概念和法教义学语句代表了对一定实践问题的回答,即对一定的事实状况应如何决定。(Lübbe – Wolf 1981, S. 25 ff., 40 ff.)因此,法教义学概念至少原则上可藉此而消除:将行为指示("法效果")直接联结到生活事实("符合事实构成之前提")的构造上。(对于法概念之可消除性,Hart 1954; Lübbe – Wolff 1981, S. 59 f.; Neumann 1979, S. 53 ff. m. w. N.; Philipps 1972)如果法教义学概念和实践问题之联系被遗忘或失去了,那么只在这个概念被理解为一个(法律)存在的标志时,它才还能被解释。如果对应于概念的问题在立法上被决定了,那么失去概念和实践问题之联系的情形,就能产生。

2.3.3.2 例证

这可以首先根据"法人"概念为例而说明(参见 Neumann 1979, S. 81.; Arnio 1978; Herbert 1995, S. 166 ff.; Röhl 1995, S. 481 ff.):

是否公开商业公司是法人的问题,关系着它是否应在民事诉讼中有当事人能力。如果这个问题被明确决定了,比如通过法律规定认可公开商业公司有当事人能力,那么是否公开商业公司是法人的问题就变得多余了;根据有效的法律决定,不再能有意义地提出这个问题。

然而,如果它还被提出来,它就标志着对法教义学概念之本体论的理解。那么,当事人能力在法之本体论上,被看作成为法人之结果,而在认识论上,被看作成为法人之证据。那么,论证就比方是:支持将公开商业公司看作法人的,是它的当事人能力。但是,在排除其他可能的实践问题时,当事人能力并非法人人格的证据,而是和其相同一。谁要是误认这一点,就是将"法人"概念之功能和作用,作为其适用的标准,并因此被迫用法人的理论实体来填补产生的空位。因为对于"以公开商业公司是否法人你意指什么"的问题,在排除了答以"我意指它是否有当事人能力"后,只能回答"我意指它是否法人"。在这种情况下,谓述"x 是法人",必须被解释为标称 x 的属性,即将成为法人这种属性的问题,区别于对应的实践问题,必然导致将概念实质化为一个理论实体。

同样的也适用于概念对应多个问题的情形。例如,"修正的事实构成"之概念,一方面标志着有关不法行为基本事实构成之加重的适用性问题,另一方面标志着共犯之可罚性问题。由此,两个问题以这种方式相联:对一个问题的回答预决对另一个问题的决定。这两个问题的这种联系,因为它既不能依据立法者的决定,也不能依据公正考量,所以是任意的;然而它(在这里所批评的论证中)却显得是必然的。显然,这预设了相对于立法者和法之适用者的法之自治的合法律性,其排除了一定的根据法律状况和公正视角可能的决定之联合。(Neumann 1979, S. 81 f.)

概念本体论地解释法语言而限制论证和裁判可能性,范例地体现在,出于"逻辑的"理由而摒弃所谓的双重效果之处。(证明见 Neumann 1979, S. 47, Fn. 206)主张逻辑上不可能撤销一个无效的法律行为,不是在功能上,而是在实质上,即类似标称物理对象或事实的概念那样,理解“撤销”和“无效”的概念。然而,迄今尚未解说的问题是,也对法律论证有约束力的“语言逻辑”和概念本体论的立场之间的界限在什么地方;这一点还期待着进一步的说明。

3. 对法律论证的论题－修辞进路

3.1 作为法律论证理论的法律论题学

3.1.1 论题式论证理论的出发点

如果将“论题学”理解为，在探讨一个问题时，能被提出以支持或反对一定解决建议之视角的学说，那么法律论题学实质上就是一种法律论证理论。

论题学和论证的这一联系，在新近法理论中对论题学之讨论的关键文献（Viehweg 1953，5. Aufl. 1974.）中，一开始还只是潜在的。强调“论题”和“体系”法律思维之对立，让法律论题学起初显得是和主流的法律方法论相对立的构思，因而是一种法律方法论的方向。在《论题学和法学》较晚的版本中，论题学和论证之关联被明示了，“续展的合时代之修辞学论证理论”的视角被构思了。（Viehweg 1974，S. 111）这要和形式论题学，即分析法律言谈的论题学结构相联系。这里核心的是论证之情境关涉性的视点；朝着修辞学的新转向，最初依赖“从言谈情境中让所有论证变得可以理解”的努力。(a. a. O.)

为了说清楚,菲韦格求助于新近符号学中(Morris 1973)所发展的对句法学、语义学和语用学之区分。如果视“句法学”为符号之间的关系,“语义学”为符号和所意指者之间的关系,“语用学”为符号于其中被使用的情境关联,那么修辞学就关涉语用的维度。据此,修辞学视角意味着修正“我们今天常见的思维实践”,其中句法 - 语义的方面占优。(第 111 页以下)

非情境的语义思维模式隐藏着本体化的危险,这种危险在法学中实现于不变之词义和法律对象的观念中。(第 114 页提示了 D. Horn 1966)相比之下,对语用分析提出的任务是,使交往过程本身成为研究对象。(第 115 页)菲韦格在对新近的元逻辑语言批判和伦理学考量中看到了出发点:

在逻辑学中,“对话逻辑”(Kamlah/Lorenzen 1967; Lorenz 1970)的观念标志着朝着语用思维方式的转向。新近的语言批判方向,强调语言的指令功能优先于描述功能,并且分析了语言上优待陈述模式所导致的物化。(Rodingen 1972; Seibert 1972; D. Hörn 1966)最后,哲学讨论了交往义务,它“产生于再次获得的仿佛和自身相关的言谈”。(第 118 页提示了 Kambartel 1968)

这种法律交往理论意义上的对法律论证理论之进路,由菲韦格自己(Viehweg 1972,1977,1978,1985)以及奥特马尔 · 巴尔韦格(参见下文 3. 1. 2)、海诺 · 加恩(Garrn 1982,1991)、沃尔夫冈 · 加斯特(Gast 1980,1982,2006)、胡伯特 · 罗丁恩、托马斯 · 赛伯特、卡塔林娜 · 索博塔(Sobota 1990,1992)和瓦尔德马 · 施莱肯贝格尔所扩充和推进(就论题学对论证理论之复兴的意义,亦参见 N. Hörn 1981; 1996, S. 115, 203 f.; Bayer 1976,1994)。这里,在共同的出发点下可以看到不同的研究重点。(参见下文 3. 1. 2 ~ 3. 1. 5)

构成共同出发点的是,确信语用学优先于句法学和语义学、强调论证的情境关联性和批评天真的语言理解所倾向的本体化。这种视点以不同的强调程度,存在于所有继续菲韦格之开端的作品中。差别来自于处理菲韦格所表述的"分析言谈情境"之任务的种类和方式。

要在狭义的论证和修辞学之间作出区分,精确的划界——如同评价非论证的修辞学,产生了困难。依靠常见的语言使用,索博塔建议,根据理性的标准进行划界:"论证以听者的'头脑'为目标,而修辞构造则诉诸他的'心'。"(Sobota 1992, S. 232)修辞构造被明确地——即使带着引号——定性为"非理性的"说服手段。对它的批判却要考虑到,"追求意义肯定性和公正,让人注意到一个维度,它以理性的手段只能不充分地把握"。(第232页)

3.1.2 分析性修辞学(奥特马尔·巴尔韦格)

由巴尔韦格致力于建构的分析性修辞学,有助于"分解复杂的修辞性语言系统",正如它们在法中,并且在其他社会和文化领域中能够找到的那样。(Ballweg 1989, S. 232;一个同样精确和坚实的对"分析性修辞学之说明",见 Schlieffen 2009)对法语言之分析的中心是,法教义学之"本质的"概念性和"现实的概念理解"之间的对话。(Ballweg 1972, S. 45;亦参见 ders. 1982, S. 28;1976, S. 257;1991, S. 50 f.)巴尔韦格将这种法律的本体化现象,置于和实用法学(Jurisprudenz)的学科特点和功能的关联之中。实用法学被理解为"整个法律的行为和裁判系统,包括与之相联的学说"。(Ballweg 1972, S. 44)与实用法学相比,法学和法哲学被放到一个元层面上;实用法学的思维方式是法学和法哲学的对象。(a. a. O. S. 46)这种思维方式由裁判强制和证立强制所塑造。(Ballweg 1972, S. 45;1991, S. 49 f.)法系统不得依据法律的沉默而拒绝裁判争议问题;它必须对任何案件给出法律的解答。另一方面要求任何裁判被证立。因此,法律人被迫“利用一种语言,使他能够对所有和任何东西给出一个答案。如果这种语言系统在一个地方沉默了,那么尽管如此,他却必须言谈,即解释”。(Ballweg 1976, S. 256)这一可解释性保障了本质主义和本体论。(Ballweg 1976, S. 257; 1991, S. 50 f.)概念被理解得仿佛它们本身适合或不适合一个事实;这使得可能应对裁判和证立强制的具体要求。

对证立了的裁判之要求,借助法教义学而满足。法教义学是“不受质疑的观点组织,以在法律评价领域产生可裁判性”。(Ballweg 1972, S. 45; 1991, S. 47)称为“观点思维”包含的意思是,法实践学中不涉及认知;根据修辞学见解,观点思维没有认知的,而只有达致理解的功能。(Ballweg 1982, S. 32; 已这样认为, 1972, S. 46)它的理性(仅仅)在于它制度化的可讨论性。(a. a. O.)在类观点的领域,理性不能用以对抗权威;在二者之间存在着紧密的关系。(Ballweg 1982, S. 48; 对这一关联详尽讨论, N. Horn 1975, S. 144 f.)

对非科学的、并非指向认识而是指向理解的、巴尔韦格称为“慎思”的思维,类观点的特点是标志性的。在一边是科学(scientia, episteme),另一边是慎思(phronesis)之间的抉择,在语言理论上有相当的意义。因为如巴尔韦格所指出的,科学的语言和慎思的语用之间,展现了不同的符号学结构。

出发点可以追溯到莫里斯将符号学分为句法学、语义学和语用学。在这一划分中,不同符号(比如语词)相互之间的关系属于句法学的领域;符号与其各自意义之间的关系构成了语义学的领域。最后,语用学涉及符号与符号使用者之间关系的领

域。(Morris 1938/1970)*

科学的语言和慎思的语用之间的区别源于,在形式化的科学语言而不是日常语言的(例如实用法学)专门语言中,主体的关系能被消除(Ballweg 1982, S. 69)。在科学语言中,不仅主体对符号,而且主体对事物的关系都消除了(a. a. O. S. 58)。相反,在日常语言指向的专门语言中,两种关系都是鲜活的,因为它们不受有约束的规制。这也是如果情境要求,能够满足解释之强制的一个条件。"为了储存并调换这些关系对内和对外的影响,需要特别能够接住所有情境变化,即能够被解释的词汇。为此,在我们中间,人们通过本体化的言说方式,利用物化的本质主义之概念的好处。"(a. a. O. S. 70)

3.1.3 修辞符号学(瓦德默尔·施莱肯贝格尔)

施莱肯贝格尔的作品《修辞符号学》(1978),旨在"分析基本法文本和联邦宪法法院之论证的修辞学基本结构"(副标题),试图从修辞符号学提供的范畴中,获得分析法律论证的一个工具。修辞符号学"追问法语言之符号理论上的属性功能和前提";它首先是论证理论的研究,因为它在论证中看到了法律和法学活动的

---

* 但是,在巴尔韦格看来,对修辞性分析法的语言之目标,这些范畴还不够。比如借助莫里斯的符号学图式,不能把握对法教义学标志性的本体论和概念之物化。这里,为了分析规范性的本体论,正如它们在柏拉图的《巴门尼德篇》中所拟就的那样,巴尔韦格发展出了"Ontotaktik"的范畴。"Axiotaktik"被分配了分析本质主义之概念创造物的任务。这种创造物代表性的是,在对话《克堤拉斯篇》中所发展的柏拉图的语言模式(Ballweg 1989, S. 244 ff.)。按照巴尔韦格的观点,完整的分析性修辞学划分为(Ballweg 1989, S. 247; 1991, S. 48; 对"Holistik",进一步参见 Ballweg 1989, S. 241 ff.; 对"Phronetik",进一步参见 Ballweg):

I. Holistik: 1. Ontotaktik: o－o; 2. Axiotaktik: o－z; 3. Teleotaktik: o－s;

II. Phronetik: 1. Agontik: s－s; 2. Ergontik: s－o; 3. Agoretik: s－z;

III. Semiotik: 4. Pragmatik: z－s; 5. Semantik: z－o; 6. Syntaktik: z－z;

说明:z = 符号;o = 事物;s = 主体。——原作者注

核心。(第 13 页)

在施莱肯贝格尔那里,还是将莫里斯所发展的分成句法、语义和语用学之符号模式,作为方法的参考框架。和菲韦格、巴尔韦格一样,施莱肯贝格尔强调交往情境的意义:"'符号'的一般和字典'意义',总只是确定一个可能的个别符号使用之有条件可能性"。(第 40 页)作为进一步的一致,从中得出了语用学优先于句法学和语义学的结论。(第 44 页)

施莱肯贝格尔将语义学和语用学之间的区别,和对事物的语言与元语言之间的区别(如"科隆是德国的一个城市"和"'科隆'一词有两个字"之间的区别)相联。对事物语言的符号使用出现在"当产生和语言之外的个别或各种数据的关系时,这些数据能够感官地感知或者日常语言地辨识"。相比之下,"具有对象意义,但没有事物语言之联系的表达"属于元语言。(第 39 页)

首先根据对两个宪法文本的语言理论研究,测试修辞符号学的分析潜力。分析《基本法》第 1 条第 1 款第 1 句("人的尊严不可侵犯")带来的结论是,"人的尊严"之表达,缺乏对事物语言的意义;它未表示"一定的对事物语言上可辨识的对象"。因此,这个表达有元语言的特点(第 66 页)。因为"不可侵犯"之概念被对事物语言地使用,"人的尊严不可侵犯"之表述抵触了语义规则——一个表达不得归属于两个不同的语义层面(对事物语言和元语言)(第 67 页);因此,它在语义学上是无意义的。因为不可能从语义上无意义的表达中,通过演绎的途径而获得有意义的语句。如果仅仅考虑到表述之语义结构判定它为空洞措辞是有道理的。

然而,按照施莱肯贝格尔的观点,这种解释忽视了语用维度。表达在语义上的无意义性,不以其符号上的无意义性为结果,因为它作为"元语言的指标"获得了语用－操作上的意义。"人的尊严不可侵犯"之表述,指向了理念史的、由人文主义传统所激发的脉络。(第 86 页及下页)就此而言,《基本法》第 1 条第 1 款第 1 句具有某种语用－操作的价值,使它能在宪法教义学的框架内,承担某种即使是有限的保障和控制功能。最重要的交往功能却存在于该表达的感情和呼吁价值,和该条款的正当化和象征功能。(第 87 页)

对《基本法》第 2 条第 1 款("任何人有权自由发展其人格,只要他未侵犯他人权利,并且未违反合宪性秩序或情理法则")的修辞－符号学分析,得到了相似结论。"人格"一词也是元语言符号,因此,《基本法》第 2 条第 1 款的文本,因为混合了不同语言层面而在语义上没有意义。和《基本法》第 1 条第 1 款第 1 句的情形一样,对《基本法》第 2 条第 1 款,也只能在语用维度上找到一个符号学上有意义的结构。(第 106 页)

在对联邦宪法法院之论证的分析中,语用学对句法学和语义学之优先,得到了确证。据此,套语,如"法秩序的统一"或"法治国原则",作为元语言的指标而被运用。对"法治国"之套语,并无语义的释义规定(第 240 页);它的意义在于,它产生了"和整合到法语言中之市民国家和宪法理论及其传统的符号学关联"(第 243 页)。作为结论,在联邦宪法法院之论证中,产生了相对于法理论传统的"从法语言的句法学向语用学之清楚的重点转移"。(第 397 页)

和分析性修辞学(参见上文 3. 1. 2)一样,修辞符号学也视自己为分析性学科,然而它"对法和道德的内容问题"(只)"在实践的方面具有立场"。(Schreckenberger 1991, S. 349)有意识地离开所有(发展普遍有约束的法律商谈模式之)努力,修辞符号学还强调论证的情境关联性、法官的作用和分析法律实践交往的意义。(Schreckenberger 1991, S. 356 ff.)这一转向语用学和"法实践的修辞过程",并不意味着放弃要求法官裁判受法律文本之约束。由法修辞学强调的对简单适用法之不可能性的认识,"不是一种对法官任意活动的辩护”。(Schreckenberger 1991, S. 357; 亦参见 Schreckenberger 1996)

3.1.4 法的符号学(托马斯·塞贝特)

认识到论证的情境关联性,必然导致批评揭示语言表达之意义不变性的语言模式。这种陈述模式诱导一个给定的对象和特征之归属,由此而遮蔽了语言的语用维度。(Rodingen 1972, 1977; Seibert 1972)因为法教义学的语言绝大多数遵循这种陈述模式,所以它成了语用取向之语言批判的对象。主要是托马斯·塞贝特通过详尽的分析,强调了理解事实上在其中得以发生的“逻辑-语用”语句和(或者说一定的)法学“演绎-体系的”语句之间的“抽象度之距离”。(Seibert 1977, 1977a)语义学仅仅专注于文本,并以丧失现实性为代价而排除了交往伙伴之间的关系。(参见 Seibert 1979, S. 282)而语用的进路处理的不仅是内容方面,还有主要是法律论证的行为方面。

塞贝特联系到了语言行为理论的认识:语言表达被解释为行为,并以这种行为做些事情(比如描述、推荐、警告)。语言表达的这种行为维度,丧失在“表面上无言说者和无关联地‘飘浮’在法之世界中的”、比如说上告法院的论证中(Seibert 1977b, S. 325)。与日常行为实践不同,裁判证立被建立在维持不变的命题之上。(第 329 页)相比之下,行为方面比如说还存在于律师的书状中。(第 325 页)这里可以辨识出比如说“回答”、“询问”、“赞同”、“争辩”、“申请”等语言行为。这些行为被不同程度地与制度相联系,比如要根据特定专业的规则决定,是否出现了技术意义上的“争辩”。这些例子中共同的是,它们明确地处理主体关系;言说关系可以下列图式重构为对话进行方/正方(S_p)和对话否定方/反方(S_o)之间传递符号的关系:

$$S_p - Z - S_o$$

如果被告(S_p)主张并未向声称被害的公司承诺过按照一定

目的使用公司所发放的贷款，而在法院（S_o）面前争辩欺诈指控的适当性，那么他进行的是否认的语言行为。符号 Z 的意义，就此而言，不存在于所谈论之事物（贷款按照目的）的层面上，而是存在于当事人之间互动的元层面上。“符号学的描述方式澄清了，论证性行为关系的符号意义（O），经常关涉‘元情境’。”（第 326 页）由此产生了一个分层的符号学图式。（第 62 页）

教义学的判决分析通常限于内容关系 Z – O。（第 330 页）S – Z – S 的关系在下图所示的两个层面上，描述了“语用取向的法律论证理论之‘灰色领域’”。（第 338 页）试图通过范例性的文本分析而揭示这一灰色领域，它开示了与情境相联的语言行为和法律论证间的裂缝。它来自于“认知性地处理”由 S – Z 和 Z – S 关系所描述的行为指向（第 338 页），即把它们化约为 O – Z 和 Z – O的关系。正如塞贝特根据一个实例分析所展示的（第 341 页以下），借助这一模式，可以重构裁判证立的语用结构，并辨识比如被掩盖的评价。

用到这个例子上：

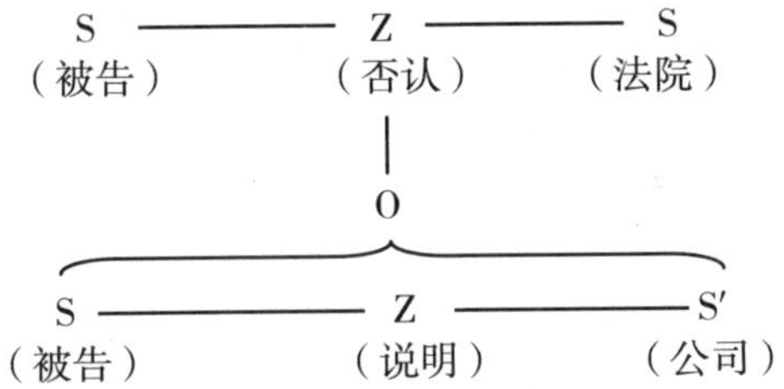

然而，塞贝特的语用进路超出了分析法律文本。塞贝特在比“交往模式的关键词”更宽的意义上，理解语用学的概念（Seibert 1981，S. 12），并相应地将具体的语言互动，纳入法律的行为领

域。语用进路的法律论辩理论，由此扩展为行为理论、行为序列理论(Seibert 1981, S. 41 ff.)。塞贝特研究了在法律结构化的行为领域，典型之互动的过程中产生社会现实的过程。(亦参见 Seibert 1996, 2004)社会现实是运用一定释义图式的结果。从中产生了制度对于法律行为领域的意义：制度化准备了据以解释社会事件的释义图式。(对“制度”和“制度化”的概念，参见 Seibert 1981, S. 15; 1980a, S. 183 ff.)

3.1.5 社会理论的论证理论(胡伯特·罗丁恩)

塞贝特和米勒(Müller 1975, S. 18 ff.)一致地在“流行的规范化之语义学对经验语用学的优先”背后，诊断出了政治和社会理论的原因。(Seibert 1981, S. 16)由此产生的语言哲学和社会理论之关联，由罗丁恩的法律论证的语用学所发展。对罗丁恩而言，语言哲学是社会理论，因为语言搭配预先型构了社会事件的意义。罗丁恩展示了，法律人喜爱的语言搭配，如何招致了“事物归属”，即将裁判归属于事实状况而非裁判者的偏好。他在法教义学的整个领域中，确认了社会行为由语言上所引起的本体化(Rodingen 1972, S. 182.)。

这一专门本体论的社会功能很明显：它减轻了那些要作出法律裁判者的责任，并将对具体裁判的批评转移到，就其普遍性很难能被质疑的普遍法制度和规范上。一句话，法之本体论有正当化的功能。对于这一判断，罗丁恩更为有力的表述是：通过法律教义学“实践了天真的本体论，滋养了幼稚地相信不能动摇的价值和规范世界，以及对这些的服从和对概念的服膺”。(Rodingen 1977, S. 153)

在刑法领域，批评这种“天真的本体论”和诸如“罪责”、“责任”这些标称实体的概念，导致了所谓的“标签方法”的立场。根据它，犯罪不是人或行为的属性，而是由社会及其机构所“赋予”的属性。(第 123 页)罗丁恩在这种观点中看到了费尔巴哈宗教批判的复兴:正如费尔巴哈认识到,人不是上帝的作品,而是相反,上帝是人的作品,“标签方法”也揭示了,不是行为人的罪责“引起了”他的有罪判决,而是相反,他的有罪判决“引起了”他的罪责。当然,通过这一翻转,单单未触及所主张之关联的“语句和推论形式性”,它对罗丁恩而言是法律之恶的起源。但这一结构在科学的范围内不能突破。

刑事法官之有罪判决所赋予的性质,除了认识批判的,还有一个在罗丁恩那里占优势的社会批判视角。刑法概念的赋予性,当然不意味着,罪责的赋予根据偶然标准而进行。毋宁说,按照“标签方法”的命题,对判决起决定性作用的是判决者的释义和期待图式。但这些图式应当在这种意义上展示特定阶层的分化:犯罪行为更多地向下层(罗丁恩称为“主要阶层”)成员而非“中层人”期待。如果小偷的人格形象在法官的判决中,几乎不能区别于帮工的形象,但却清楚区别于领班的形象,那么可以假定,犯罪统计数字中下层人的过度代表,至少也是司法之特定阶层的制裁行为的后果。这里,在对界定为偏差行为的社会回应之领域,可以范例性地澄清本体论批判之语言分析的社会理论维度。

3.1.6 法律修辞学与法律诠释学(福里特约夫·哈夫特)

福里特约夫·哈夫特的“法律修辞学”既处于论题学和新近修辞学的传统中,又在法律诠释学传统之中。它当然更多地处理法律论证的实践－技术方面,而不是其法理论上重要的结构。哈夫特强调——就此而言和法律诠释学一致,前理解(前见)对法律裁判的意义。(Haft 1981,S. 718)前见“是不可避免、必然的,并且不能一开始评价为消极的”。(第 179 页)相反,为了证立程序参与人之间合意的机会,搞清前见之结构是可能并且必需的。(Haft 1981,S. 718 f.;1994,S. 288)对于哈夫特的“法律修辞学”,合意之可能性有特别的意义,因为它作为最终的正确性标准,在法律案件判断时发挥作用。(Haft 1981,S. 719;1984,S. 95)

由此导致放弃位于实质上的正确性(对此对哈夫特的法律修辞学总体上持批评的,Hoerster 1985),符合由哈夫特赞同地引用的观点:没有"中立"的语言;即使最简单的陈述也有修辞的指向。(Haft 1984, S. 96; 1981, S. 720.)然而,哈夫特着重强调,"新"修辞学不是装饰性的,而是发挥着功能(Haft 1981, S. 718; 1985, S. 17.);涉及的不是漂亮的言谈,而是"好的、适于事理的"言谈(Haft 1984, S. 96.)。在"法律修辞学"的框架内,并未努力发展出适于事理之论证的标准。毋宁说所问的是,"作为法律人如何实际地使他人信服。"(Haft 1984, S. 98.)答案是:通过呈现秩序化的结构,并援引相似案例。(a. a. O. S. 98; 对于法的案件关涉性作为哈夫特"法律修辞学"之出发点,参见 Haft 1981, S. 719)

3.1.7 修辞学与法律人的符合事理

修辞学,至少在此时此地压倒性的理念史传统中,笼罩在这种疑虑中:追求的不是对事情尽可能客观的理解,而是操纵性地影响对话伙伴。这并不符合法理论中较新的修辞学思路之自我理解。这在前面的说明中,可能已经清楚了。

符合事理/客观性与法律论证中的修辞之间的关系如何确定的问题,由此却并未解决。这是由于,修辞学追求和"关涉事物"之论证模式不同的语言和言谈之维度。

以后一种考量——言谈总是关于某些东西的言谈——为出发点,可以首先把交往和论证解释为就一个被看作给定的事情之相互理解。理想情况下,理解完全由这一理解之对象的结构所确定。在法律思维领域,符合这种观点的是设想给定的法律内容,它通过解释被认识,并且在假设对话伙伴之充分的认识能力时,它保障了相互理解(合意)作为必然一致地共同正确把握法律内容之结果。

另一方面,如果作为出发点的是,言谈总是和他人的言谈,那么可以将相关人之间的互动置于中心地位。这是修辞学的路径:"修辞学发生在两个主体之间的关系中"。(Gast 1997, S. 15)这一视角使得有可能揭露预存之言谈对象的假定为杜撰。因此,修辞的视角典型地有批判本体论的维度。(参见上文3.1.2)反之,在讨论的正确结果由给定的事理结构所确定之处,它失去了其适当性。“本体论是修辞学的对立物。修辞学只能在无本体论之处而被允许。”(Gast 1988, S. 285; 在表现而非观念上现在部分地有所不同,Gast 1997, S. 285 Fn. 1)修辞学追求赞同和合意,而非关于对象的认识。由此产生了修辞学和视自己为认知的法教义学之间的紧张关系。(Dorndorf 1995)因此,对应法律修辞学的是批判本体论的观点。据此,法文本之内涵不是先于解释存在,而是通过解释而构成。

本体论和修辞学这样的对立,当然有理想类型的特点。在法实践中的问题就是,修辞促成的合意,在多大程度上能够并且必须适合于对象。只要修辞学追求的不仅是说服,而且是信服(Perelman 1980, S. 26; 参见下文3.2.3),那么它以关涉事理之论证的可能性为前提。对于法律修辞学来说特别棘手的是“法律约束”之主题。这里,在修辞学阵营内部也有批评:法律修辞学的某些代表者“把奠基于法律的法秩序,偷偷地转变成先例的法秩序了”。(Gast 1997, S. 129 m. Fn. 25)。修辞学和符合事理之间的对立,通过将符合事理称为“法律人的修辞艺术”(Sobota 1990)而被修辞地超越了。

3.2 “新修辞学”(佩雷尔曼)

3.2.1 出发点

以“新修辞学”为人所知的论证理论,其发展归功于其创作者起初完全不同的目标。对正义问题的研究,在早期将佩雷尔曼引向价值判断之可证立性的问题。寻找理性地判断表面上完全任意和逻辑上不确定之价值判断的尺度,其目标曾是揭示价值判断的逻辑——作为对弗雷格所拟定的数理逻辑之补充。

对这一努力后来的命运具有决定性的是,佩雷尔曼并未试图,建构价值判断之运算;这样的努力本来恐怕会导致发展出“评价性”逻辑系统。它不会比今天存在的、在细节上不同的道义逻辑系统更接近法律论证的现实。努力的目标是发展,而非发明价值判断的逻辑;是重构而非建构逻辑关联。相应地,被佩雷尔曼和他的女助手奥尔布莱希茨-提特萨选作研究方法的是,分析其中涉及价值判断之证立的文本。(Perelman/Olbrechts - Tyteca 1976)

这一广泛研究的结论是下述认识:“根本没有价值判断的特定逻辑,我们所寻找的,早已在一个非常古老而在现在被遗忘和低估的学科中被发展了:在修辞学——古老的信服和说服艺术”。(Perelman 1980, S. 3)如同寻找到印度的海路导致了(再)发现美洲,寻找价值判断的逻辑导致了重新发现修辞学。

3.2.2 “修辞学”的概念

上面的引言说明,佩雷尔曼使用的修辞学概念,没有今天到处附加在它上面的贬义联想。在佩雷尔曼看来,将修辞学理解为较不严肃的学科,最好的时候利于给论证配备装饰,最差的时候利于有意识地操纵对话方,意味着扭曲地截断了论题学事实上的功能和窄化了论题学的古代概念——正如亚里士多德和西塞罗所应用的那样。

与这种意义上被限制的修辞学不同,“新修辞学”不涉及论述的包装,而涉及其内涵。出发点是这种认识:理性的论证不限于演绎或归纳推论(Perelman 1967, S. 134 f.);即使对构成论证、辩证法和修辞学之根本对象领域的评价(Perelman 1980, S. 162.),也可以理性地讨论。评价和行为落入实践理性的领域。

在这一观点中,即主张可以理性地讨论规范和决定,存在着“新修辞学”的基本命题。作为实践理性之典范,作为编订实践合理性概念之范例,法让哲学家佩雷尔曼感兴趣。(Perelman 1972,

S. 6)在实践理性领域,论证具有核心的功能。(Perelman 1980, S. 17)在涉及直接的认识和显然的真实之处,论证没有地位。因此,数学中只能有证明,而不能有论证。反之,评价的理性能够论证地证立,而非证明。

证明和论证之间的区别,主要在于推论的不同力量:证明时推论由前提必然得出,而为了支持一个命题而引用的论据仅仅表述了认可它的好理由。(Perelman 1980, S. 56)换言之,接受证明之前提的人,必然也接受推论;相反,认可论据之实际正确性,并不必然强制认可有关命题。是否某个人走完了从论据到其所支持的主张之步骤,在这个意义上是他的事情。

3.2.3 听众的意义

结果是,与证明不同,论证与人相关联(参见 Perelman 1980, S. 12, 163; ders. 1979, S. 17; ders. 1980 a, S. 135);论证者必须适应其听众。何种论述使何种听众信服,首先是一个经验问题,如同何种类型的论述事实上被用于一定的论证领域一样。这些问题属于描述性论证理论的对象范围。佩雷尔曼(Perelman 1980, S. 60－174)以及他和提特萨(Perelman/Olbrechts－Tyteca 1976)的研究,通过对论述的划分和对论证的结构分析,根本上推进了这一理论。

然而,对一种其起源在于主张理性论证不限于演绎和归纳推论,并且强调实践理性之意义的观念(Perelman 1979, S. 133; ders. 1980A, S. 32 u. ö.),处于突出地位的必然是规范性问题:根据何种标准理性论证区别于修辞诱导,即什么将信服区别于说服,什么将仅仅有实效的区别于有效的论述。

在一个强调任何论证和所要交谈的公众之联系的理论中,这种标准不能在论述本身的某种特征中找到。否则,论述就被孤立了,“独白化了”;由佩雷尔曼所强调的、言谈者和他的公众之间精神联系的必要性(Perelman 1980, S. 18),就被在一个根本点上中断了。因此,论证的价值必须根据它所信服的公众之价值而确定。(Perelman/Olbrechts - Tyteca 1976, S. 432)由此,成为论证理性之试金石的是,只能通过理性论述而被信服的听众之赞同。佩雷尔曼称这个听众为普遍听众;它是"理性的典范"。(Perelman 1979, S. 164.)普遍听众之赞同是论证之理性的标准。(Perelman/Olbrechts - Tyteca 1976, S. 40; Perelman 1979, S. 141; ders. 1980, S. 71 ff.)

借助普遍听众的理念,也可标出说服与信服之间的界限。针对特定听众的言谈,想要说服,而致力于普遍听众之赞同的人,在试图信服(Perelman/Olbrechts - Tyteca 1976, S. 208; Perelman 1980, S. 26)相应地产生了有效和只有实效的论述之间的区别。(Perelman/Olbrechts - Tyteca 1976, S. 613 f.; Perelman 1980, S. 142)

然而,信服和说服之间的界限,如佩雷尔曼所强调的(Perelman/Olbrechts - Tyteca 1976, S. 38),经常不能精确地被划出。与此相一致,也不能普遍有效地作出论证和装饰性修辞之间的区分。(亦参见 Weinberger 1971, S. 565)如果一个辞藻在有关脉络中的使用,看起来正常,那么它是论证性的;否则它会被看作是修辞手段。(Perelman 1980, S. 46; 1979, S. 159)

不能客观地,即不能不联系到听众之回应而区分论证和装饰性修辞。其原因在于,并没有那种完全适当地对现实之描述。(Perelman 1980, S. 47, 49 - 54)至少对于社会现实的领域,这一断定几乎无可争议;对社会现实的描述,通常同时含有释义和由此而来的评价。

3.2.4 论证标准的普遍性和历史相对性

通过尝试让对实质(即非演绎且非归纳)论证之历史和社会条件的认识,与理性论证不限于演绎和归纳推论的主张相接近,佩雷尔曼的"新修辞学"获得了其特殊的型造。将理性要求和对论证标准之历史和社会相对性的认识，置入平衡关系的困难，恐怕要为佩雷尔曼理论中的某种非同质性——它体现在普遍听众之概念的多义上——承担责任(对此和下文，Alexy 1978, S. 204 ff.)：一方面，佩雷尔曼强调，普遍听众之特性随着历史和特定文化变化(Perelman/Olbrechts－Tyteca 1976, S. 43 f.)；另一方面，普遍听众被等同于所有理性存在的整体(Perelman 1967, S. 153)或者"被启蒙的人"(Perelman 1966, S. 221)。可以批判性地记住这一不清晰性(比如 Alexy 2001, S. 218)；然而，更重要的是被作为基础的认识：现实的论证理论既要考虑到理性要求，又要考虑到论证标准和前提之历史和社会的相对性。

4. 依据实践商谈理论的法律论证理论

对于想要一方面避免法律确定论的极端，另一方面避免非理性主义和决断论之极端的法律论证理论（对商谈理论的这一诉求，参见 Alexy 1995b，S. 102；1995c，S. 121），决定之正确性可以根据两个不同的视角而确定：其一，正确性可以是为裁判所能够提出之论述品质的功能；其二，它可以被理解为据以作出支持一定规范的决定之条件的功能。采取后一种立场的理论，可被称作论证的程序理论。

罗伯特·阿列克西在其奠基之作《法律论证理论》（1978，4. Aufl. 2001）中提出，并且在众多作品中（Alexy 1979，1981；Aarnio/Alexy/Peczenik 1981）说明和精确化了一种法律论证的程序理论。阿列克西的构思，尽管和佩雷尔曼的论证理论（Alexy 1978，S. 197 ff.）以及埃尔朗根学派的“咨商理论”（Alexy 1978，S. 178）有些联系，却主要接续了哈贝马斯宏大的实践商谈理论。（这种和哈贝马斯的联系被相对化在，Bäcker 2008，S. 44 m. Fn. 9）尽管哈贝马斯与阿列克西之间尤其对特别情形命题存在着分歧，这一点对阿列克西关于法律论证理论的后期作品也是成立的。主张阿列克西在其

《法律论证理论》的第二版中,离开了哈贝马斯而转向卡尔·奥托·阿佩尔的超验语用学是误导人的。(Haft/Hilgendorf 1993, S. 108. 援引了 Alexy 1991, S. 418. 一个术语上的评注;相似地,Hilgendorf 1995, S. 185)

4.1 实践商谈理论(哈贝马斯)

任何证立规范之规范性理论的前提是,假定在所有可能的规范之集合内,可以某种方式显明一定的规范。以此尚未断定,这种规范的何种性质要将它们和未显明的规范相区分。可设想的有正义、理性、正确以及最终为真的性质。这些标准有不同的区别力。正义和理性是比较性的概念。一条规范 N^2 可能比另一条规范 N^1 更公正、更理性,但可能不如再一条规范 N^3 公正和理性。因此,以一边是可能的最不公正和最不理性之有关规范,另一边是可能的最公正和最理性之规范,所限定的序列为形式,公正和理性的标准结构化了所有可能之规范的领域。相比之下,真之标准有排他性的特点;称一条规范为真,对所有相竞争的规范意味着无区别地摒弃为"非真"。因此,真之标准的区别成效,相当得大于公正性和理性的标准。赋予某些规范以真的理论,是一个相当强的理论,并相应地面临相当的正当化压力。

这样的理论在细节上必须满足何种证立要求,当然只有在解释作为基础的真之概念时,才能决定。如果在所谓的对应理论之意义上,把真视为陈述和事实的一致,那么就会引发一个设想为预定之规范的自然法体系;它必然招致今天几乎不可接受的本体论前提。与此则不同,如果不是将陈述与现实之一致,而是将其赞同能力、所有人的潜在合意作为真之标准(合意理论)。在这种情况下,仅仅要证立所有人的潜在合意能被接受为一条规范为真的理性标准。

4.1.1 真之合意理论

哈贝马斯就对应理论所实施的批评(Habermas 1973, S. 215 ff.),对理论陈述的领域在多大程度上令人信服,这里可以存而不论。哈贝马斯本人后来将它就记述性(konstativer)语言行为领域相对化了。(Habermas 1999, S. 288 ff.)只要涉及规范之真的能力问题,对应理论并不认真地受到考虑。必须要证立的不是规范在对应理论的意义上真或假,而是对规范根本上能有意义地赋予真和假。因为陈述毫无争议地能够为真,所以证立可以通过证明在陈述和规范之间,就对于真之能力问题的相关点上存在一致。

为了展示这一点,哈贝马斯诉诸语言行为理论,从中产生了一个对真之能力问题决定性的视角转换:作为主题的不再是陈述和规范的语义内涵,而是与这种内涵相对应的记述性和规整性语言行为之要求。在与一个表达相联系之要求的视点下,却完全可以对照主张(记述性语言行为)和规整性语言行为(命令、要求、禁令等)。有效性要求既和主张又和指令相联系。在两种情形,都提出了要求:语言行为是有根据的。如果视真为与陈述相联的有效性要求(Habermas 1973, S. 212),那么,就与规范性表达相联的有效性要求,是否用真或者正确性的概念,只是一个术语问题。(Habermas 1971, S. 241; 1973a, S. 140 ff. 谈到了实践问题的真之能力;而对记述性和规整性语言行为之真的区分,比如参见 Habermas 1973, S. 219 ff; 参见 Alexy 1978, S. 134)

如果正确性和真标称着一个待兑现的有效性要求,那么正确的规范必然类似于真实的陈述而被证立。(Habermas 1973, S. 226)以之为主题和检验成问题的有效性要求,发生在商谈中:在交往行为中,表达所暗含的有效性要求被默默地预设,而商谈则有助于澄清这一要求之适当性。如果涉及主张的有效性要求,那么就是一个理论商谈;相比之下,澄清规范性表达之适当性,在实践商谈中进行。一个主张是否有道理,有关陈述能否被证立并就此而言真实，由商谈的结果决定。当所有潜在的对话伙伴都会赞同它时，一个陈述被证立了。“陈述之真的条件是所有其他人的潜在赞同。”(Habermas 1973, S. 219)

4.1.2　商谈的逻辑

按照哈贝马斯的估计，针对真之合意理论，可以提出两个核心的异议：其一，相对于所有语用的真之理论——它们关涉的不是陈述和现实的关系，而是交往参与者的理解过程——显见的异议是，它们混淆了陈述的真和获取它的方法。其二，事实的合意——在谈话参与者之间事实上获得的一致，显然不适于作为真之标准(Habermas 1973, S. 239)；否则就不能区分真和集体错误。

更重要的并且在论证理论视角下唯一有意义的是第二个异议。它迫使不允许任何任意的合意作为真之标准，而只允许被证立的合意作为真之标准。合意在这时是被证立的，即当它依据更好之论述的力量时。通过支撑它的论述之品质，理性的合意区别于欺骗性合意。由此提出的问题是，论证之获得合意的力量存在于何处。哈贝马斯的回答是：“真之合意理论要求，通过商谈的形式特征，来解释较好论述之特有的无强制之强制。”(Habermas 1973, S. 240)由此，理性和证立性成为程序性规则之功能。“理性的合意，最终只能通过关涉到一个理想言谈情境，和欺骗性合意相区别。”(第257页)哈贝马斯称一个言谈情境是理想的，“在其中交往不仅不会被外在的偶然性影响，而且也不会被来自交往本身之结构的强制所阻碍。”(第255页)前提是，满足一系列的结构性条件。这些条件是由下列阿列克西参考哈贝马斯而表述的(Alexy 1978a, S. 379; 亦参见 Alexy 1978, S. 240)，并且被哈贝马斯合意了(Habermas 1983, S. 99)的商谈规则所确定：

1.1　任何能够言说和行动的主体有权参与讨论。

1.2　a)任何人有权质疑任何主张。

　　b)任何人有权将任何主张引入讨论。

c)任何人有权表达他的态度、愿望和需要。

1.3　任何言说者不得被存在于商谈内部或外部的强制所妨碍,行使其在1.1和1.2中所规定的权利。

藉由这些规则所描述的理想商谈,在现实讨论中只能最大化地实现。然而它不仅仅是构想,因为在任何现实的商谈中,都假设了理想商谈的条件,无论这种假设在具体情形中是否和在多大程度上有反事实的特点。(Habermas 1983, S. 102)这种假设有对理想言谈情境之预运用的特点。这一预运用在现实的交往过程中发挥着作用,同时也提供了尺度,借以检验任何现实获得的合意是否是被证立之合意的充分证据。(Habermas 1973, S. 258)

通过关涉理想言谈情境和由此而来的程序要素(商谈的形式特征)而确定担保真的理性合意,不意味着(哈贝马斯意义上的)真之合意理论能够排除支撑合意之论证的结构和品质之实质视角。的确,被证立之合意应该有这样的特点:它仅仅由"较好论述之力量"所支撑。(Habermas 1973, S. 240)这提出了问题:作为担保真实性之合意的标准,程序和实质视角相互有什么样的关系?(参见Alexy 1995c, S. 119 f.; Neumann 1997; Kaufmann 1988; Kern 1986)

在最初的作为至此叙述之基础的哈贝马斯的观念中,程序方面占优势地位。对商谈之理性的决定性标准,由对理想言谈情境之关涉而提供。在后期作品中,哈贝马斯小心翼翼地离开了理想言谈情境理论(Habermas 1983, S. 98 f.; 1981, Bd. 1, S. 47),并认可实质视点更大的分量。能够被描述为确定理想言谈情境之条件,现在被归属到不同于决定论证品质之规则的另一个论证前提之层面。哈贝马斯区分了:

a)结论(即论证)的逻辑层面;

b)程序的对话层面;

c)过程的修辞层面。

在第一个层面预设了没有伦理内涵的逻辑和语义规则。作为例子，哈贝马斯提到了由阿列克西所提出的规则：

1.1　任何言说者不得自我矛盾。

1.2　将谓述 F 用于对象 a 的任何言说者，必须愿意将 F 用于与 a 在所有重要方面相同的任何其他对象。

1.3　不同言说者不得以不同意义使用同一表达（Habermas 1983，S. 97）。

在程序的对话层面涉及合作性寻求真的语用前提；作为例子，哈贝马斯再次依据阿列克西，提到了下列规则：

2.1　任何言说者只得主张他自己相信的东西。

2.2　批评并非讨论对象之陈述和规范的人，必须为此给出一个理由。

最后，在过程视角之下，论证性言谈是一个交往过程，它必须借助一定规则而免于歪曲。上面描述的理想言谈情境之条件，要放到这一层面上。

为了澄清论述的结构，哈贝马斯诉诸图尔敏的论证图示。它要既用于理论的，又用于实践的商谈。在实践商谈中，涉及借助理由（D）证成命令或评价（C）；从 D 到 C 的过渡，通过引入行为或评价规范或原则作为推论规则（W）而证成。它反过来通过“给出被解释的需要（评价）、后果、伴随后果等”（B）而证立。

对哈贝马斯来说，这一图式中的决定性论证步骤在于从 B 到 W 的过渡。在理论商谈中——其中例如对法则假设（W）之假定由观察（B）所证成——保障这一过渡的是归纳原则。对于实践商谈，可普遍化原则承当了相应的功能。据此只允许，在其效力范围中能够获得普遍承认的规范。这个原则有助于，将具有个别（partikular）之内容和效力范围的规范作为不能合意的而排除出去。（Habermas 1973，S. 251；1983，S. 73）

以这种解释，哈贝马斯赋予可普遍化原则——它在证立道德和法律评价及命令时起到决定性作用——以特定的面貌。因为即使有在可普遍化原则(以下简称"UP")之不同版本之间能够认定的所有不同,却存在着完全压倒性的一致:这个原则也能独自地运用,即借助它个人能够检验一条规范能否被承认为有约束力的道德规范。相比之下,哈贝马斯将UP与真之合意理论和理想言谈情境理论相联系,并由此得出一个排除独白运用这一原则的版本。(Habermas 1983, S. 76)

UP的这一版本远远超出了图尔敏图示中作为支持由B过渡到W的"桥梁原则"而必要的普遍化原则。它不是来自论述的结构,而是来自在作为过程的论证层面上确定商谈条件的规则。在哈贝马斯看来,这些规则有不可避免之预设的特点。(Habermas 1983, S. 100)谁要是从根本上作出严肃地努力,商谈地兑现规范性之效力要求,就直觉地让自己认同(等同于未明言地认可UP之)程序条件。(a. a. O. S. 103)

因为这里涉及论证之可能性的语用条件,阿佩尔谈到了超验语用条件和前提;他将这个推导联系到终局证立相应规则之要求。(Apel 1976, 1976a, 1976b)哈贝马斯不认为康德意义上的超验演绎之前提是给定了的,因此质疑超验语用之推导的终局证立要求;在术语上,哈贝马斯略为怀疑的立场体现在,用"普遍语用学"的概念替代"超验语用学"的概念。(Habermas 1976, S. 198 ff.;但是运用"超验语用"之概念在Habermas 1983的全书各处)

4.1.3 法理论中的继受

哈贝马斯的作品,一开始在法哲学文献中,只获得谨慎的回应。虽然实践问题为真之能力的理念被攻击(J. Schmidt 1973),并且无支配之商谈的模式可作为批判刑事程序之背景,这种批判的主题是刑事程序中的不对称和交往机会的不平等分配。(Rottleuthner 1970, S. 82 f.; 1973, S. 158 f.)但是,总体而言,占支配地位的是这种印象:对于法律问题,从理想言谈情境理论中获得不了什么。(Struck 1977, S. 118)法理论文献的这一抑制主要基于法院程序的制度性强制。它禁止将诉讼解释为合作地寻找真之要求下的交往。(Schreiber 1976)哈贝马斯自己将法院程序清楚地区别于商谈,并将前者放到策略行为的领域。(Habermas 1971, S. 201)

到那时为止较为克制地估计商谈理论对法哲学之重要性,这种情况被阿列克西的法律论证理论(1978 年)所改变。阿列克西第一次努力根据商谈理论重构法律论证和裁判过程。(参见下文4.2)后来,克劳斯·京特继续商谈理论之开端而发展了一种模式。它通过区分证立商谈和适用商谈而使得可能,考虑到法典化法秩序中的法律论辩和裁判之法律约束原则(参见下文4.3)。后来,哈贝马斯自己发展了宏大的“法和民主法治国之商谈理论”。对此这里只能在法律论证之视角下探究。(参见下文4.4)今天,哈贝马斯对法律论证的作品,是即使由专业法律人所进行的法哲学讨论之固定成分。(详述见,Gril 1997; Lieber 2007)

4.2 理性的法律商谈理论

4.2.1 阿列克西的普遍理性商谈理论

阿列克西作为法律论证理论之基础而发展的普遍理性商谈理论,在其根本前提上与哈贝马斯的商谈理论相一致。(进一步参见 Gril 1998)阿列克西赞同哈贝马斯的假定:即使规范性陈述也能真或假,或者用阿列克西喜爱的术语,正确或错误(参见 Alexy 1978, S. 222 Fn. 5; 1981, S. 178);由此预设了可能在原则上论证地决定实践问题。证立这一观点是通过指出:即使价值和义务判断也和对正确性的要求相联;并且还通过主张:在证立这一要求的讨论中,能够区别好的和坏的理由,以及有效和无效的论述。(Alexy 1978, S. 222)

第二个预设是,论证的理性通过运用一个实践论辩之论证规则和形式的体系而保障;它们确定了一定的程序。“一个规范性陈述N恰恰在这时是正确的,当它能够成为程序P的结论时。”(Aarnio/Alexy/Peczenik 1983, S. 41; Alexy 1981, S. 178)陈述之正确性和程序的这一关联,标志着阿列克西的理论是程序性理论。

这一程序性理论的核心问题是选择和证立规则;遵守它们要保障结论的正确性。阿列克西区分了五组论证规则和一组论证形式。它们共同构成了“普遍理性实践商谈的规则”:

第一组规则表述了“语言交往之合理性的基本条件”。在这种交往中涉及规范性陈述之正确性。(Aarnio/Alexy/Peczenik 1983, S. 43)这些“基本规则”要求无矛盾性(1.1)、真诚性(1.2)、愿意独立于情境地使用描述性和规范性表达(1.3)以及不同言说者之间语言使用的共同性。

第二组规则联系到了理性实践商谈中的规范性主张之需证立性。这组中的第一个规则明确表述了言说者的证立义务:“任何言说者必须应要求证立他所主张的,除非他能给出理由证成拒绝证立。”(2)(Alexy 1978, S. 239)

进行证立一个主张的人,至少假装承认其他人为有同等权利的对话伙伴。这个考虑导致要求平等权利、自由选择主题和无强制性:任何能够言说的人,可以参与商谈(2.1);任何人可以质疑任何主张,引入任何主张到商谈中并且表达他的态度、愿望和需要(2.2);任何人不得受内在和外在于商谈的强制而被妨碍行使这些权利。

论证负担规则表述了特定的证立义务或对证立义务的免除。证立义务涉及想要不平等对待人们的人(3.1),批评并非讨论之主题的规范的人(3.2),或者带来其他和前面的讨论无关之命题的人(3.4)。反之,已经提出论述的人,只有在面对对立论述时才有义务进一步论述。(Alexy 1978, S. 242 ff.)

对理性证立所提出的要求,在证立规则中被特定化了。这些规则的第一亚组是可普遍化原则的不同变种:对于他处于当事人之情境的情形,任何人必须也能够接受他用来支持规范性陈述之规则的后果(5.1.1);任何规则对任何个人之利益的满足之后果,必须能够由所有人接受(5.1.2);并且最后,任何规则必须是公开和普遍地可教授的(5.1.3)。

第二亚组是两条批判地检验规范性信念之形成的规则:作为言谈者道德观之基础的信念,必须能够经得起历史－社会发生学和个人－心理发生学的检验。最终,可实现性要求有助于保障实践商谈的实践相关性:应该遵守事实所给定的可实现性之界限(5.3)。

在实践商谈的框架内,处理事实问题、术语问题和商谈程序本身的可能性,由过渡规则保障:在任何时候对任何言谈者都可能过渡到理论商谈(6.1)、语言分析商谈(6.2)或者商谈理论的商谈(6.3)。

阿列克西将商谈规则区别于标志着实践商谈的论述形式。区分了通过规则(4.1)和提示后果(4.2)证立单称的规范性陈述,通过提示后果(4.3)和通过规则(4.4)证立规则,以及证立规则和原则之间的绝对(4.5)和有条件优先关系(4.6)。(Alexy 1978, S. 245 ff.)

标志着阿列克西意义上的普遍理性实践商谈之论证规则和形式的体系,逼迫一些价值和义务判断作为"商谈上必然"的,并且将一些其他的作为"商谈上不可能的"而排除。二者之间存在着商谈上可能的结果之广泛领域,即在那些情形中,不违背商谈规则能够证立两个互不相容的规范性陈述。这三个领域之间的界限在多大程度上受商谈时点和商谈参与者影响,并不完全清楚。一方面,奴隶制度无限被称为商谈不可能的结果之例证。(Alexy

1978, S. 256)另一方面,阿列克西明确强调,根据商谈必然的结果、商谈可能的结果和商谈不可能的结果的视角,结构化可设想之决定的领域能够是决定之时点和参与之个人的功能。(Alexy 1981, S. 182)

商谈规则留下了广阔的未决——商谈可能的结果——领域,迫使引入规则,其允许在两个互不相容之商谈上可能的解答之间作出决定。在这一点上,法律规则发挥了作用:“普遍实践商谈的界限证立了法律规则的必要性。”(Alexy 1978, S. 275)

4.2.2 阿列克西的法律论证理论(描述)

4.2.2.1 特别情形命题

这些规则——法的规则,被看作对普遍商谈的补充或修正,而非其替代选项。按照阿列克西的观点,法律商谈是普遍实践商谈的特别情形。(Alexy 1978, S. 32, 38, 261 ff.)通过这一主张,法学活动被放入实践理性之领域:在法律决定的领域,涉及理性判断,而非认知视为预定之规整。

4.2.2.2 法律论证理论之基本特征

援用伏罗布娄斯基(Wroblewski 1974),阿列克西区分了法律判决的内部和外部证成。内部证成要求裁判从引用之前提逻辑地导出。相反,外部证成之对象是这些前提的正确性(Alexy 1978, S. 273 ff.)。

4.2.2.2.1 内部证成

内部证成的最简单形式有这样的结构:

(J. 1.1)

(1) (x) (Tx→ORx)

(2) Ta

(3) ORa

读作:

(1)对所有 x(所有自然人或法人)有效:如果 x 满足规范(1)

的事实构成前提,那么 x 应作 R。

(2)(自然人或法人)a 满足了规范(1)的事实构成。

(3)a 应作 R。

从这一图式中,对裁判的内部证成产生了两个要求。阿列克西将其表述为独立的规则:

(J.2.1)为了证立法律判决,至少必须援引一个普遍规范。

(J.2.2)判决必须从至少一个普遍规范,连同其他陈述而逻辑地导出(第 273 页及以下)。

两个规则都是可普遍化原则的具体化:(J.2.1)考虑到了根据规则而决定的要求。规则(J.2.2),在阿列克西看来,得自于可普遍化原则;因为不遵守它,任何推论都和所援引的规则相容。

图式(J.1.1)只在那种(很少的)情形,即规范能够无中间步骤而被"适用于"事实时,足以重构内部证成。在所有其他情形中,通过表述出"语言使用规则"而"发展"规范是必要的。由此,J.1.1 的结构是内部证成之一般形式的特例:

(1) (x) $(Tx \rightarrow ORx)$

(2) (x) $(M^1x \rightarrow Tx)$

(3) (x) $(M^2x \rightarrow M^1x)$

…

(4) (x) $(Sx \rightarrow M^nx)$

(5) Sa

(6) ORa (1) – (5)

步骤的数量由下列规则所规定:

(J.2.3)只要 a 是否 T 有疑问或者 a 是否 M 有疑问,总是要给出决定这个问题的规则。

(J.2.4)这么多的阐述步骤是必要的,以便人们能够获得那种表达,它们适合于有关案件不再有争议。

(J.2.5)应该尽可能多地给出阐述步骤。

在阿列克西看来,就它们迫使明确表述出否则可能隐藏之前提,并且通过要求给出普遍前提而助益于裁判之前后一致以及由此而来的公正和法安定性而言,这些规则确保了某种程度的合理性。(第283页)然而,这一合理性"对于前提之合理性,是相对的"。对判决合理性的判断,落入外部证成的领域。

4.2.2.2.2　外部证成

阿列克西对外部证成之论证形式的列举,其核心符合法律方法论所提供的解释标准之准则。作为解释形式,区分了文义解释、发生史解释、目的解释、历史解释、比较解释和体系解释。对于这些论证形式的运用,下列规则有效:

(J.6)任何属于解释准则的论述形式应该被饱和。

(J.7)表达了受法律文义或历史立法者意志之约束的论述,优先于其他论述,除非可以提出支持承认其他论述优先的合理理由。

(J.8)确定不同形式之论述的分量,应该根据衡量规则进行。

(J.9)属于解释准则之形式的所有论述如果可能被提出,那么应该被考虑。

属于外部证成之规则和形式的还有经验论证的规则和形式、教义学论证的规则、使用先例的一般规则和特定的法律论述形式,如类推、反向论证和当然论证。

法律论证的规则和形式并不排斥实践论证,而是完全依赖于后者。(第351页)因此,并且因为法律商谈之规则和形式与普遍实践商谈之规则和形式在结构上的一致,法律商谈归为普遍实践商谈之特别情形,在阿列克西看来是正当的。

4.2.3　阿列克西的理性法律论证理论(讨论)

阿列克西试图表明法律论证是普遍实践商谈的特别情形,并且由此法学是实践理性的特别领域。这提出了一系列问题,并引发了热烈的讨论。这一争论的核心一个是特别情形命题,另一个是证立法律商谈理论为程序理论。

4.2.3.1 特别情形命题

就将法律商谈理解为普遍实践商谈之特别情形受到的讨论而言,可以区分出两个问题圈。第一个涉及的问题是,是否法院审判(作为法律探讨的特别制度化形式)能被理解为商谈;第二个应讨论的是,法律论证的特殊性——并非不依赖于特定的制度性限制,是否禁止将法律商谈解释为普遍实践商谈的(特别)情形。

4.2.3.1.1 诉讼作为商谈

法庭的行为和论辩所处的特定条件,不允许根据理想商谈的尺度衡量诉讼事件。直到阿列克西作品的出版,这实际上并没有争议。反对他那样的尝试的主要有两件事:

第一,对法院程序来说,实施程序的掌控是构成性的;法官引导程序的权力,既不能根据其理念,也不能根据其范围,而化简为事实上实施商谈所必要的。第二,诉讼之直接当事人及其代理人的论证,通常毋宁由对有利的诉讼结果之利益,而非合作性的寻找真之意图所塑造。当事人利益对法庭论证的这一塑造,也促使阿列克西,将法庭前的争论不作为无强制和无限交往意义上的商谈。(第 271 页)

然而,他拒绝(像哈贝马斯那样,Habermas 1971, S. 200 f.)将诉讼归入策略性的行为之领域。这是因为在诉讼中,当事人要求理性地论证。"他们至少宣称,他们的论述有这样的特征,即在理想条件下将获得赞同。因此,商谈理论不仅适于,而且甚至是必要的、在理论上把握他们的论证。"(第 271 页)和理想条件的这一必然联系,证成了诉讼在商谈和策略性行为之间的一个"中间位置"。

根据阿列克西的考虑,哈贝马斯后来修正了他最初的观点,即当事人在法庭前的策略性互动,与商谈处于其下的共同寻找真之要求并不相容。(Habermas 1971, S. 200 f.)在他的作品《交往行为理论》中,他视"在所有制度性塑造中的法律论证为实践商谈之特别情形"。(Habermas 1981, Bd. 1., Fn. 69;哈贝马斯对特别情形命题当下再次批评的立场,参见下文)

然而,阿列克西所强调的法庭争论和理想条件的"必然关联",是否支撑将它归入实践商谈的适用范围,却是有疑问的。主张自己论述的理性和合意能力,也是成功的策略行为之必要条件;开示自己的利益、无耻地宣示自私的要求在非常大的程度上降低了其实现的机会。想要实现(或阻止)提高工资的人,可能必须主张提高工资是正义(或非正义)的,在国民经济上有意义(或无意义)等。如果让策略上狡猾地宣称能够合意的论述,就足以作为将争论归入实践商谈领域的标准,那么商谈和策略行为之间的差别就晦暗不明到无法认识的程度了。哈贝马斯对法院程序早先所作的估计,恐怕要给予优先地位。(同样这样认为,Krawietz 1984, S. 438)

4.2.3.1.2 法律论证作为商谈

另一个完全不同的问题是,法律论证,只要它最大程度地免于制度性强制和个人利益,能否被认作实践商谈的特别情形。只有在这一点上,才能决定法学能否被视为实践理性之特殊领域的问题。(Alexy 1978, S. 359)如果理想的法律论证是实践商谈的特别情形,那么制度上所引起的扭曲也不再能在原则上质疑这一发现。

阿列克西自己表述了反对特别情形命题的三个可能异议:可能被主张,在法律讨论中:(1)不涉及实践问题;(2)不提出正确性要求;(3)虽然提出这一要求,但法律讨论中有效的限制却不能证成称法律讨论为商谈。(第 263 页)

阿列克西认为第一个异议容易驳倒:在法律讨论中虽然也涉及确定事实,属于此的比如有"描述有效的法"和"预测未来的法官行为",但是除此之外,还存在着"关涉解决实践问题的法律论证”;它不仅在实践中,而且在法学中也发挥了核心作用。(第 264 页)阿列克西的推论是,这证成了称法律讨论为实践商谈的特别情形。

然而我觉得需要更进一步地审视。教义学的法律讨论就其最终涉及行为选项之选择而言,无争议地有实践品格。只要被接受,教义学争议问题的决定就预定了法官判决在一定案型中对社会事实的塑造。但是这一实践方面,如同天气预报和共同的气象分析影响郊游计划的事实一样,并不赋予法律讨论以实践商谈的品格。(反对这一论据,Alexy 1991, S. 427 f.)对实践商谈具实质性的不是它事实上控制行为选项的选择,而是它本身在优选之视角下被讨论。决定性的是,和行为相关的问题作为实践问题而被探讨。(对此和下文,参见 Neumann 1981, S. 211 ff.)

但这绝不是法律论证的特征。如果法教义学有将评价问题转化为认知问题和关于真之问题的功能(Esser 1972, S. 101),那么法教义学讨论至少应被理解为理论的,而非实践商谈。当然要认可阿列克西的是,在法律讨论中,未决之评价也起到了重要作用,但是评价完全压倒性地被捆入理论论证中。法官让他的判决依据——主张的——正确认识,而非直接地依据裁判的实质公正性本身。根据法教义学的自我理解(反对这一视点之相关性,Alexy 1991, S. 428),这里无论如何也涉及理论的正确性,而不(仅仅)是实践的正确性。

由此就谈到了反对特别情形命题的第二个可能异议。这里,阿列克西适切地指出,在法官裁判和法律论证中,提出了正确性要求。然而,有疑问的却是,是否这里事实上涉及实践正确性的要求。

阿列克西承认,法律商谈中提出的要求,清楚地区别于普遍实践商谈的要求:“并未要求被主张的、建议的或作为判决而宣示的规范性陈述完全是理性的,而仅仅要求,它在有效法秩序的范围之内能被理性地证立。"(第264页)但这意味着,法律论证和裁判之合理性,受(认作)给定之法秩序的影响。但由此,这个理性的概念包含了不同的意义。现在,"理性"不再意味着商谈中证明了的实质正确性,而是或者是在正确认知法秩序之意义上的理论正确性,或者是一个相对的,即要在法秩序所开启的裁判余地内获得的实质正确性。

理论的和实践的正确性之间的差别,在阿列克西为了证立对法官裁判内在之正确性要求而举出的例子中,并未变得清楚。阿列克西认为,一个判决如"以人民的名义,N先生被处以剥夺十年自由的刑罚,尽管对此没有好理由",不仅仅出于道德原因是错误的,它的错误更与一个表达如"猫躺在那个垫子上,但我不相信"相似。

在我看来,这两个表达的类举出于两个原因有问题。第一,在判决中明确涉及一个施事性语言行为时,所比较的表达因此应表述为:"我主张,猫躺在垫子上,但我不相信。"但这一表达并不必然在道德之外的意义上错误。言说者可能以此想说他撒谎,他也可能表达试图尝试性地提出假设等等。第二,不清楚的是,阿列克西所引用的判决中之"好理由"关涉的是什么。它涉及的到底是合法律(即裁判符合法律)的好理由,抑或是裁判之实质适当性的好理由?关于这两者根据法官的估计能在多大程度上分裂,一个著名的刑事法官之宣示说明白了:"(根据法律)我判决您以三年监禁,尽管根据确定的并且由上帝使我有的信念:您需要的是在海边过三周假期。"

我不认为这一表达在道德以外的意义上是错误的。人们不应将迫使法官和实证法之规定相一致的政治和社会压力,拔高到逻辑或语言理论的必然性。和阿列克西不同,只有愿意完全否认非理性法律之可能性(或者受法律约束之裁判在个案中导致非理性结论之可能性)的人,才可能会得出该判决在道德之外的意义上是错误的结论。

这无论如何适用于当判决中的“好理由”,正如所预设的那样,被理解为裁判之实践正确性的理由时。如果把它解释为裁判之合法律的理由,那么可能最终承认判决有错误;尽管这时判决这个表达也不是矛盾的。法官仅仅说了他的裁判与法律不一致。这可能让他被控枉法,但并不必然使判决作为语言表达必然是错误的。

在这一问题上,阿列克西的立场,在我看来,导致了有问题地联结了语言规则和社会角色或制度。不符合社会角色的语言行为就被贴上了错误的标签。阿列克西引用的判决在所有相关点上类似于颁奖。它以这样的话进行:“我授予您弗里茨·米勒纪念奖,尽管您不配得到。”这里,言谈者也未满足对他的期待并“脱离了其角色”。但由此,颁奖行为也不是在语言上是错误的。这个表达违反的不是语言规则,而是社会规则。

在可能的语言错误之视角下,它不存在和阿列克西所引用之判决的差别。如果后者单单或在更高程度上显得是错误的,那是因为法律人的“内在”视角。对他们来说,法律言谈的错误不仅由语言规则决定,而且由法律规则所决定。这种内部视角导致在阿列克西那里,语义(或普遍语用)规则为一方,法律或社会规则为另一方之间的界限晦暗不明了。

同样要记到这一内部视角的账上,当阿列克西有把握地从语言交往的条件中完全地和从被证立之言谈的条件中特别地发展出普遍实践商谈之规则后,将常见的法律方法论之解释准则未批判地甘愿接受为“法律商谈(更确切地说:法律商谈范围内的外部证成)的规则和形式”时。(参见 Tugendhadt 1980)

阿列克西调和两组规则的努力(第 349 页以下),在我看来并不成功。因为如果像阿列克西那样不仅坚持文义和历史立法者意志之解释标准,而且承认它们通常优先于理性目的的视角(第 305

页),那么,“理性”的裁判和符合有效法的裁判之间,夸张地说,就只有偶然的一致。(相似的,Stamatis 1995, S. 224 f.)

阿列克西本身承认“法律裁判之无限的合理性……将以立法之合理性为前提”(第 351 页)并且在法之“子领域”实现理性和公正,只能在理性和公正之社会秩序的范围内可能。(第 359 页)但是我认为,这些作为法律讨论合理性之界限而出现的东西,却普遍质疑了它的可能性。因为相对于非理性法律之论证的合理性,并不是少于,而是在质上不同于根据理性实践商谈规则而找到之决定的实质合理性。(持赞同的,Habermas 1992/1994, S. 285)

即使考虑到,在实践商谈中能够证成引入特殊法律论证之规则的必要性(第 350 页),也没有什么不同。因为在非理性法律的条件下,法律商谈(外部证成)之特殊规则和形式保障的并不是裁判有限的、近似的内容合理性,而只是非理性之某种平等和可预见性。

对此不应产生争议,实践合理性的论述在法律论证中,具有相当的意义;阿列克西作品的贡献正是通过广阔基础的法律论证理论,证立了这一曾由其他作者(埃塞尔、克里勒)呈现的关联。然而,特别情形命题依据对这一关联的过度解读。同样的也越发适用于更拓展的“伦理和法律商谈之广阔一致性”的命题。(Kriele 1979, S. 34; 参见 Alexy 1981, S. 187 Fn. 30)这两种立场至少在趋势上含有对法律规整之合意能力的过高估计,和对现代法之实证性和设定性的忽视。

当然,特别情形命题还有某种含糊性:取决于是将着眼点放在“情形”的关系上还是在“特别”的视点上,会导致法律和普遍实践商谈之间不同的距离。这种含糊性,持续在从特别情形命题中产生了对法律商谈做何种评价的问题上。一方面,特别情形命题可以用来捍卫法学作为科学学科和实践理性的一个分支(参见 Alexy 1978, S. 356, 359);另一方面,根据普遍实践商谈的尺度来评价,法律论证因为它的特点,又必然显得是实践商谈有缺陷的模式(参见 Küsters 1983 S. 99.),那么与阿列克西的意图相反,特别情形命题又会成为对法进行批判的可能支点。只有在后一种意义上理解它时,特别情形命题才与对交往性构造之生活关系的法律化所进行的根本批判(Habermas 1981, Bd. 2, S. 522 ff.)相一致。

阿列克西的"特别情形命题"在法理论的文献中,引发了激烈讨论。(参见如 Bäcker 2008, S. 252 ff.; Grabowski 2003; Günther 1993b; Pavlakos 1998)在与文献中的批判声音争辩之中,阿列克西自己多次捍卫了它(Alexy 1999)。恐怕正确的是,这个问题不被尖锐化为明确的选择,而是将它在"或多或少"的意义上表述出来。那么对这个命题就不涉及"是"或者"否",而是在法律和普遍实践商谈之间,在多大程度上存在着一致和差别。不容置疑的是,法律裁判实践不仅面临合乎法律和教义一贯性的要求,而且也应合乎实践理性。(Neumann 2004, S. 32; Bäcker 2008, S. 252)然而,反对特别情形命题的是,存在着特定法律论述(法律约束、教义一贯性)的清楚优位。如果教义论证和实践理性论证产生了不同结论,那么只有在极端情形中才能赋予后者以优先地位。

即使在这时,要支撑结论之论证,却必须是特定法律的论证。法官不能简单证立法律不公正而违背法律裁判。他必须将不公正之视点重新锻造为针对法律之效力的论述,比如诉诸拉德布鲁赫公式。同样,他也不能因为觉得难以应对社会的技术和社会发展,就忽略一个久远但仍有效的法律。即使在这种情形下,他也必须利用特定的法律论述,比如诉诸"法官的法之续造"之法原则(只要它在法秩序中被承认了)。因此,实质上属于实践商谈的论述必须被转化为特定的法律论述,以便能被用于证立法律裁判。

"特别情形命题"的讨论,首先仅仅涉及法律和普遍实践商谈之间的关系问题。然而,追问基于普遍实践商谈理论之上的法律论证理论之承载能力，却走的更远；它同时涉及普遍实践商谈理论本身之基础的稳固性。

4.2.3.2 基础：普遍实践商谈理论

就此而言，主要有两点需要讨论：第一点涉及规范之为真能力的问题；这里，阿列克西主张认知主义立场，而被非认知主义的立场所批评。(Hilgendorf 1991, S. 111; 1995; Weimar 1984, S. 99 ff.; Weinberger 1983, S. 194)第二点关涉理性法律论证之程序理论的可能性。程序规则、商谈规则被怀疑能够确保商谈结论之真或客观正确性。(Weinberger 1983, S. 195; Tugendhat 1980, S. 5 ff.)这一批评，有时也明确地(Tugendhat)同时针对哈贝马斯的商谈理论中所塑造的真之合意理论。

4.2.3.2.1 规范的真之能力

就批评针对阿列克西理论中的"认知主义"立场而言，它含有对阿列克西观点中"客观主义"之成分的过度强调。对于主张阿列克西将"一个(仅仅)程序奠基的合理性观念，和在最终维持意义上的真之保障的兑现相联"(Weimar 1984, S. 100)，可以阿列克西的断定相对照："对裁判正确性之判断，(除了在商谈必然的结论范围内)总是有暂时性的特点，即能够被驳倒。"(Alexy 1978, S. 358)商谈的结论"既不只是相对的，又不只是客观的"(Alexy 1981, S. 184;1994, S. 151)。即使在理想商谈中，也无从假设独立于程序存在对任何实践问题之唯一正确答案。(Alexy 1994, S. 150; 有问题的是将阿列克西无差别地归入认知主义，Hilgendorf 1991, S. 111)而且从阿列克西在基尔所作的入职演讲(1987年)——其中他在一边是认知主义，另一边是主观主义立场之间，明确地采取了第三个立场(Alexy 1995e, S. 230)——恐怕也不能读出信奉伦理的认知主义。(但这样认为的，Hilgendorf 1991, S. 111)当然正确的是，阿列克西的理论在这一点上和坚定的相对主义立场不能相容。

4.2.3.2.2 法律论证之程序理论的问题

显得更有分量的是，对于建议通过一定的决定程序之假想结论来界定规范之正确性，所持有的保留。图根德哈特和魏因贝格尔在这一点上一致：理性不是一个商谈形式的，而是决定之内涵或证立的问题。当然，二人的立场在细节上有相当的差异。

魏因贝格尔已经驳斥了阿列克西的出发点，即将法律论辩和裁判之合理性的问题，解释为实践理性之问题的可能性。对魏因贝格尔而言，理性"不是实践认识之渊源，而只是理性－操作的能力"。（Weinberger 1983, S. 194）从以这种方式限制的理性概念之视角看，试图表述出"类似实践理性之法典的什么东西"（Alexy 1978, S. 35），是一个奇怪的努力。（对此的元批评，Alexy 1994）

按照魏因贝格尔的观点，商谈规则不能确保商谈结论的为真性或客观有效性（Weinberger 1983, S. 195）；它甚至不能保障，好理由根本上发挥作用。（第193页）商谈最终的决定是意志表达，而非正确性的判断。（第193页）在细节上，魏因贝格尔指责逻辑的和道德要求相掺和，以及在商谈规则的伪装下规定内容观念。（亦参见 Weinberger 1993, S. 30 ff.）

对逻辑的和道德要求相掺和的指责关涉到，阿列克西将任何演说者之主观真诚性的要求，也算作普遍实践商谈的基本规则（参见上文）。将这一要求整合到这些规则集合中去——它们的有效性"要成为任何涉及真或正确性的语言交往之可能性的条件"（Alexy 1978, S. 234），在其他学者那里也遭到批评（Tugendhat 1980, S. 6; Gröschner 1985, S. 172）。这可能是适当的，因为例如有意识地发挥魔鬼代言人的角色，也并不必然摧毁取向于真或正确性的交往，即使其他交往参与者看不出来。（Bung 2004, S. 151）

即使某人出于道德上可疑的理由，违背他真实的信念而论证，也不涉及其他的前提；即使和一个出于怯懦或投机而隐藏其真实观点的商谈参与者,也可能进行实践商谈——前提是,他的论证除此之外满足了语言交往之合理性的基本条件。然而,对阿列克西理论的这一批评只触及边缘,而非根本;可以简单地删去靠不住的规则而考虑这一批评。

更有分量的是魏因贝格尔的第二个异议。它以阿列克西所表述的论证负担规则"想要对一个人(A)作不同于一个人(B)之对待的人,有义务证立它"(Alexy 1978, S. 243)为例而说明。这一规则至少在阿列克西所赋予之(内容)释义上,让是否应该要求实质平等的问题从一开始就不用讨论。但是,实质平等要求"并非理性的先验要求,而是道德态度的实质要求"。(Weinberger 1983, S. 198)

这里不能详细讨论这一异议的适当性。阿列克西所表述的商谈规则,在内容上不是中性的,它们有利于(或不利于)一定的实质规则;这几乎不必争议。就此而言,富有启发的是,阿列克西的论证负担规则,根据他自己的估计,在很大程度上符合波德勒西(Podlech)对宪法平等原则(即一条实证法规则)之语用内涵的解释。(Alexy 1978, S. 243)然而,能否批判地将商谈规则和实质规则之间的这一关联,用来对抗阿列克西的理论,却取决于对实践理性在证立内容规则时的贡献力有多高的估计。如果在理性中只看到"理性-操作的能力"(如 Weinberger 1983, S. 194),那么所有的内容规则必须供商谈参与者处置;因而,即使商谈规则仅仅有利(或不利)于一定的内容观念,也是不允许的。相反,如果承认了合乎理性地证立内容规则之可能性,那么一定的商谈规则和一定的实质规则之间的亲和力就没什么可顾虑的。

与魏因贝格尔不同,图根德哈特赞同阿列克西理性证立评价和规范的可能性。(Tugendhat 1980, S. 3)图根德哈特的批评首先涉及阿列克西简单接纳法律方法论所给出之法学论证的标准;其次——这是他批评的要点——涉及阿列克西援引哈贝马斯对规范之理性证立所赋予的商谈伦理之释义。

所有的思考,并且就此而言,所有的证立是语言性的这个事实尚未证成支持商谈伦理的思路,因为在语言规则内部必须区分语用规则——它们只是对于很多人之间的相互理解有相关性(并且就此而言能被称为商谈规则),和语义规则——它们同样适用于独白和对话的论证。

这一区分既未被哈贝马斯也未被阿列克西考虑到。结果是,证立陈述语句之原则都被两位学者误解了。(Tugendhat 1980, S. 7)证立陈述语句之规则不是语用,而是语义规则:"理解一个理论语句,意味着知道如何证实即证立它。"(第 8 页)图根德哈特由此拥护真之对应理论的证实主义版本,并反对由哈贝马斯在理论之陈述语句领域也引用的合意理论。至少对理论之陈述语句而言,真之合意理论和视证立规则为商谈规则的观点,站不住脚。(第 8 页)

即使在证立规范性或评价性陈述时,语义规则也有决定性作用。由此,对图根德哈特来说,可普遍化原则(在这种形式中,一条规范只有在所有人能够赞同它时是正确或公正的)来自"公正"一词的语义。(第 10 页)相比之下,语用规则,如所有人可以平等参与商谈,只有这样的功能:排除多人参与讨论所引发的额外扭曲之可能性。按照就此而言相一致的哈贝马斯和图根德哈特之观点,赋予参与人之合意在理性证立规范时的意义,对图根德哈特而言来自于"公正"一词的语义(第 11 页),而非商谈的或真之普遍合意理论的规则。

即使商谈规则因此不能证立理性伦理的原则,但商谈仍能标示道德原则特定的"实施方式"。图根德哈特的命题是:"并不独立然而更高级的道德证立程序可以界定为商谈。"(第 12 页)在图根德哈特及其助手所发展的形式 - 理性伦理学之展开的层级模式(严格的理性道德——灵活的理性道德 - 商谈道德)中,商谈道德标示了最后的和最高的层级(参见 Tugendhat 1980, S. 1)。它首先通过当事人的控制而确保了决定程序之无偏颇性;其次保障了在决断的领域不会不听询当事人而决定(反对将现实商谈的功能化简为保障参与,Habermas 1983, S. 78 ff.)。

阿列克西之法的商谈理论,在国际上引起了很大反响,得到了很大程度的赞同。它部分地被他的学生进一步发展了(特别是 Bäcker 2008),言简意赅的批评也有(Engländer 2002; Gril 1998; Hilgendorf 1995)。阿列克西自己后来将这一理论扩展为法的一般结构理论。(特别是 Alexy 2001; 2002; 2009)

4.3 证立商谈与适用商谈

4.3.1 区分的意蕴

根据哈贝马斯的商谈模式,考虑到普遍地遵循规范而对他们利益所产生的后果,所有当事人能够赞同的那些行为规范有效。(Habermas 1983, S. 75 f.)这一前提尚未保障,这种规范在任何它有效力的个案中,也是适当的。这是克劳斯·京特发展的模式之基本思路。据此,其中决定规范之有效性的证立商谈,必须通过适用商谈而补充。后者关涉的问题是,规范是否能在具体个案中适用。

区分证立和适用商谈所要解决的问题,只有在具体案件中道德和法律决定之适当性,不同于或至少能够不同于根据有效并和案件有关的行为规范对案件所做的决定时,才会提出。在道德发展之"后俗成"之层级上,这一可能性是由于这里的一个行为之道德评价,并不仅仅取决于其符合规则。(对于作为基础的道德意识之发展层级模式,参见 Kohlberg 1996; Eckensberger 1998)。

借助康德著名的例子,京特澄清了这个问题(Günther 1988, S. 46 ff.):撒谎的一般禁令,可以作为有效的规范,因为所有人都有不被骗的利益。然而康德所得出的结论——谋杀犯不可因为谎言而失去被害人的线索，却是不可接受的。它忽视了具体情境的特殊性，后者和具体情境中道德上正确行为的问题有关。

完全普遍有效的是：对于具体情境中一条规范的适当性，只能在考虑到所有相关情境特征时才能决定。在证立商谈中决定规范之效力时，这还不可能，因为不是所有未来的适用情境都可以预料。（Günther 1988，S. 51；Habermas 1992，S. 266）

只要情境特征对于道德或法律决定之相关性通过规范而确定，那么具体情境中一条规范之适当性的问题，以就个案而解决有效规范之既存冲突的任务为形式被提出。这种解决不可能通过否认情境中相冲突之规范中一条的效力：“规范冲突不能重构为效力要求的冲突，因为相冲突之规范……只有在具体情境中才发生关系。”（Günther 1988，S. 300）毋宁说对具体案件的解决，发生在“适用商谈”中；其中在规范系统之“融贯性”的视角下（Günther 1988，S. 299 ff.；1989）决定哪一条规范必须“无损其效力”地屈从于另一条“更适当的”规范。（Habermas 1992，S. 266）

4.3.2 讨论

京特的观念——由哈贝马斯接纳（Habermas 1992，S. 265 ff.；1996，S. 369 f.），产生了很大反响并引发了激烈的讨论（Alexy 1995d；Kettner 1993）。毋庸置疑的是，在存在应情境而相冲突之规范的前提下，区分证成规范和证成其对具体情境之适用是有意义的。相反，有争议的是，区分适用与证立商谈在商谈理论上是否正当，和能否指明在论证结构上有重要差别，这种差别足以支持在适用中的辩论为独立的商谈形式。

4.3.2.1 替代选项：证立商谈中的例外条款

这里，京特可以首先指出，在适用讨论中，有突出地位的是具体的个案评价，即要证立单称的规范性语句（Günther 1993a，S. 379 ff.），而在证立商谈中处理普遍规范的效力。对此当然可以指出，适用商谈，只要涉及具体情境之特征的规范相关性，也不关涉单称的，而是可普遍化的标准：康德有（道德性）权以谎言而将被追赶的贡斯当从潜在的杀手中搭救出来，只有当任何人在相应情境中有这个权利时。"对于（所谓的）'适用商谈'中之情境特征的相关性之声称，所能提出的理由，总是直接或间接代表了当事人利益的可普遍化。"（Kettner 1993, S. 375；参见 Günther 1993a, S. 386）其次，在证立商谈中可以援引所有真正的适用情境。（Günther 1988, S. 51；见 Alexy 1995d, S. 68 f.）就此而言，适用商谈和证立商谈之间的不同，来自于一个商谈之参与者和另一个商谈之参与者的不同信息状况。但是因为证立商谈之参与者的信息匮乏，对他来说不是本质性的，而只有偶然性的特征，也可以其他方式重构关于个案之正确决定的讨论：只要不涉及案件的事实结构，而是情境特征之规范相关性，参与人就进入了证立商谈；其中要澄清根据何种规范决定具体案件。这一重构特别有下面的优点：在融贯性视角下进行的关于"适当"解决规范冲突的讨论——它必然关涉普遍的（元）规范，将在证立商谈之内找到其论证逻辑的方位。（Alexy 1995d）那么，为了适当决定具体案件所需要的规范，就可以借助引入例外条款而表述，并在证立商谈中证成。（Alexy 1995d）

4.3.2.2　例外条款的问题

然而，对适用商谈的这种重构，其事实上将让论证逻辑上分别证立和适用商谈成为多余，却让一个问题未被解决，从中产生了支持京特区分模式的一个强论据。（对下文进一步的论述，Neumann 2000/2008）因为通过引入例外条款（"不得撒谎，除非撒谎有助于搭救人命"）而修正规范，破坏了最初不受限制之规范的有效性。结果是，规范在例外条款之适用领域内，失去了任何道德上的相关性。（参见 Günther 1993a, S. 386）

以论证理论表述：引入例外条款的结果是，搭救人命的表达是个谎言;这一事实一次也不能再作为反对该谎言道德上之许可性的论据。"不得撒谎,除非撒谎有助于搭救人命"这条规范在这里相关的视角下,在结构上并不区别于"司机应在红灯时停下,除非交通警察示意行驶"的规范。

但是在道德和论证理论视点之下,例外条款之意义是不同的。灯是红的,在具体情境中在规范上完全是不相关的;它不是遵循警察之手势的"反对论据"。相反,一般的谎言禁令,即使在它最终必须屈从于搭救人命之要求或禁止杀死人命之禁令时,在具体情境中也是一个反对救人之假信息的论据。(参见 Günther 1994, S. 46 f.)至少在给谎言禁令一个道义逻辑的意义时是这样。如果在行为功利主义的意义上将它理解为纯粹的简便公式,那么在规范性视点下,就不存在和交通灯例子的区别了。(反对这样的"依赖于情境的道德机会主义",Günther 1993a, S. 389)

京特对适用和证立商谈之间的区分,在进一步的探讨中是否最终证明为正当,还要拭目以待。今天已经确定,在商谈理论上重构关涉个案的规范性论证所进行的讨论,要归功于他重要的推动。

4.4 法律商谈理论(哈贝马斯)

哈贝马斯自己后来在他法哲学代表作《事实与规范之间》(1992 年,第四版 1994 年)中,根据商谈模式而提出了一个法律论辩理论。

作为法哲学背景的是,承认法在制度上独立,相对于道德很大程度上自治,但却是可被商谈理论阐释的规范复合体。与之相应的是将商谈原则分化为道德专用的普遍化原则(U)和法专用的民主原则,后者"归因于商谈原则和法形式的交叠"(Habermas 1992/1994, S. 154):"商谈原则通过接纳法的形态,变成了民主原则。"(第 670 页)这一原则意指"只有能在法律构造的商谈性立法程序

中，获得所有法同伴之赞同的法律，才得要求合法的有效性”。(第141页)

由此引向了程序取向的法之理解。哈贝马斯将它作为程序性的法范式而与自由和社会国范式相对。在法之合法化的视角下，在多元社会之条件下并告别了宗教或形而上基础的自然法模式后，没有其他选项：“合法性之唯一后形而上渊源，显然是立法的民主程序。”(第662页)

这里在论证理论视角下有意义的是，论证性的关涉正确决定之理念的程序要素，和非论证性(通过表决而合法化)的要素，处于何种关系中。这里哈贝马斯突出了实质－论证的方面，即把法律上建制化的程序，在功能上解释为获得理性结论之途径。程序的合法化力量依靠释放出交往理性。“它使得主题、观点、信息和理由能自由地游动，确保政治意思形成的交往性，并因此证立了可错的假定：符合程序产生的结果或多或少是理性的。”(第662页)

法律决定不被与它相关之论述的总体所清楚确定。这个事实对哈贝马斯来说，却禁止将合法化仅仅依据这些论述的品质。对于法官判决之可接受性，这意味着，它“不仅依赖于论述的品质，还依赖于论证过程的结构”。(第277页)因此，法律论证理论不得限于逻辑－语义的讨论，而是必须纳入交换论述之程序条件的语用维度。(第276页以下)

只有在这一前提下，才可以维持在德沃金独白性进路中不令人信服的唯一正解命题：“在一边是各个实质理由之纯说服性力量和原则上总是不完整的系列论述，和另一边是唯一正解要求的绝对性之间的合理性漏洞，通过合作地寻求真实性之论证程序而理想地填补。”(第279页)正如对立法的民主程序，对法院诉讼标志性的也是建制化程序和论证性交往之流的交叠。(进一步论述参见 Neumann 1996, S. 415 ff.)

就“特别情形命题”而言，从商谈原则分化为道德专有的普遍化原则和法特有的民主原则就可得出，特别情形命题未挑明由此确定的法与道德之关系。“只要认真对待在后俗成之证立层级上出现的法与道德之平行分化”，这个命题就会被驳倒。（第286页）

4.5 批　　评

对商谈理论之努力所提出的根本异议，特别是对实践认知的要求（认知主义－问题），这里不能详述。（参见如 Keuth 1993）就它们特别针对商谈理论进路的（法律）论证理论而言，这种批评主要涉及三点。

第一点关涉（理想、潜在）合意作为论述和决定之实质正确性标准的作用。特别是魏因贝格尔对哈贝马斯及其拥趸提出的异议是，必须在一边是实质上的好理由和另一边是论述令人信服的效果之间，作出区分。因此，与哈贝马斯不同，正确性不能取决于商谈的结果（合意）。

这也由其他学者以相似形式提出的批评，并未充分地区分一个论证事实上于情境下所获得的信服力，和它潜在的、在理想条件下所获得的信服力。只要这个批评也反对潜在合意之正确性标准，那么它尚未决定，除了通过援引论证之潜在合意能力外，又如何将一个好的论述区分于一个差的或不大好的论述。

更有分量的是第二个异议：即使一般地赞同通过其合意能力之标准而成为“好”的论述之品质，论证之正确性和关涉制度化程序之程序正确性，二者间关系的精确结构却还需要说明。（Kaufmann 1989，S. 16 ff.）

对于相应的异议（B. Perters 1991，S. 253 ff.），哈贝马斯通过区分决定之“效力”和（不完善和较弱的）“理性接受”，精确化了结论之论证正确性和程序正确性之间的关系。对于符合程序而产生的决定——它本身能够提出"理性接受"的要求,存在着诉诸实质理由而"主张有效的和(在给定的制度性框架内)'理性可接受'的结论之间的差别"。(Habermas 1996, S. 343)

商谈伦理的核心问题,是从理性论证的条件中证立规范性规则。(Habermas 1983, S. 104;并参见上文)在这一点上开启的批评,由格瑞尔总结性地说明并加以推进。(Gril 1997; 1998;富有启发的,Ellscheid 1999)首先被争议的是取向于理解之言谈无其他替代选项;与之有同等资格而并存的还有取向于成效的策略性论证;它并未隐含对商谈规则的未言明之承认。(Gril 1998, S. 68 ff.;对这种同等化持批评的,Ellscheid 1999)其次,普遍化原则(U)中的"普遍利益"之概念和功能也遭到批评:为了合意地获取普遍利益而取决于其赞同的个人,在他决定时就必须已经取向于这同一个普遍利益。(Gril 1998, S. 92 ff.)这个异议涉及规范与决定之程序的和实质的"正确性"之间关系的特别方面。除了对这些异议分量的问题外,还出现了对道德规范可能的其他证立方式问题。正如埃尔沙伊德在和格瑞尔之辩论中再次突出的,归结到自私的利益失灵,因为它只能将弱势的而非强势的自私者放入规范性链条中。将超验语用的思路与取决于经验利益的论证相联(比如 Alexy 1995e, S. 127 ff.)是否能提供稳定的基础,还需要进一步讨论。(持批评的,Gril 1997; 1998, S. 138 ff.)

5. 法律论证的复杂模式

5.1 麦考密克的理论

在法律思维和法律论证中，实践理性具有何种意义的问题，处于尼尔·麦考密克众多法理论作品之中心。（MacCormick 1978；1981；1984）麦考密克从法律裁判之二阶证立（证成）模式出发：在第一阶裁判被演绎地推导出来（这对应阿列克西的“内部证成”），而在第二阶（二阶证成）则涉及证成演绎的前提。（阿列克西那里的“外部证成”；对于阿列克西和麦考密克之间的一致，参见 Alexy 1980b, S. 120–128；MacCormick, 1984）

在第一阶，裁判证立的理性不是通过其演绎结构本身，而是通过前提之普遍性而被保障。在所有案件中，证成法律裁判要诉诸普遍前提。这是作为形式公正原则之要求的后果；其要求平等者平等对待。考虑这个原则是理性法律论证不可放弃的条件。（MacCormick 1978, S. 73 ff.）

它当然只是一个必要而非充分条件。证立法律判决之合理性的问题，最终在证成的第二阶,即证立前提时才被决定。裁判证立之前提以何种方式能被证成,首先涉及对允许之论述的分类。

这里,麦考密克将关涉裁判之法律或事实后果的论述(后果主义的论述)区别于意在让裁判受束于有效法秩序的论述。保障这种约束是消极地通过与法系统之有效规则相容的要求(一致性),积极地通过要求前提受一般法原则或类比于受承认之法规则的支持(融贯性)。因此,对于前提的选择,决定性的既有普遍－实践(后果主义)的,又有专门的法律视角。

由此提出了不同类型论述之间关系的问题。这个问题既涉及后果主义论述和一致性或融贯性论述之间的顺序问题,又涉及它们之间可能的内容关联之视角。

在麦考密克的模式中,顺序问题首先通过功能的专门化而相对化了。融贯性和协调性论述确定了法律可能性的范围;在这个范围之内,根据后果主义的论述作出裁判。(MacCormick 1978, S. 127, 162, 188)后果主义论述和融贯性、一致性论述由此处于功能上互补的关系中。

对顺序问题的进一步弱化,来自于不同类型论述在内容上的交织。后果主义论述内在依赖于融贯性论述,是由于在后果主义论述之框架内,必须不仅要预测,而且要评价后果;因为至少法秩序的基本原则也作为评价尺度而发挥作用。

反过来说,法原则的内容不仅由法秩序中有效的法规则,而且部分地根据普遍实践考量而确定。(第166页)在一致性检验的框架内,普遍实践论述也起到了根本作用。虽然它不能免除裁判必须与有约束之法规则相容的要求,但却存在着可能性,根据实践考量并通过“区别”、“解释”或“推翻”,在法秩序中为所支持的规则创造空间。

作为结论,对于法律论证之估计,产生了两个断定:法律论证是普遍道德论证的特别情形(“法律论辩是一种专门的高度制度化和形式化的道德论辩类型”,第 272 页);以及法律论证虽由理性控制,但却未被确定。在麦考密克的模式中,标志着法律论证中理性之界限的是,后果主义论述则及其所预设的评价,而一致性和融贯性论述则澄清了法律论证中理性的作用。(第 271 页;对于将后果主义论述排除于法律理性领域之外,持批评的, Alexy 1980b, S. 127)

5.2 跨越理论(佩策尼克)

认识到法律论证在根本上依据非演绎推论,构成了佩策尼克的法中的转化理论之起点。佩策尼克视转化为在人的知识和(被证立的)评价领域内一个被证立的非演绎过渡。由 p 向 q 的转化恰恰在这时发生,当:

a) p 的真实性(或有效性)被作为证实 q 的充分理由,并且

b) p 不演绎地导出 q。(Peczenik 1983, S. 5; Aarnio/Alexy/Peczenik 1981, S. 137)

转化的最简单公式是 pTq。如果 p 和 q 由不止一个陈述所组成,就产生了一个复杂的公式:

$(p_1, \ldots, p_m T q_1, \ldots, q_n)$。

“转化”的概念有些误导人,因为 p 不是“转变”为 q,而是被说成 q 的理由。佩策尼克本人看到了这个语言上的不精确性,但由于缺少令人信服的选项而坚持这一术语。(Peczenik 1983, S. 6, Fn. 4)

转化不是临时特别的而是根据(现有或新表述出的)规则发生。转化规则是实质的推论规则;它符合图尔敏的推论规则。它们有实质性,意味着分析性规则不作为推论规则而被考虑(Peczenik 1983, S. 8)。如果一条分析性推论规则连同 p 逻辑上必然导出 q,那么这不是转化。相反,不会有影响的是,转化(非演

绎步骤)能够通过添加一条非分析性的推论规则而改变为演绎推论。因为这样一种改变总是可能的;非演绎地从 p 到 q 的过渡,通过添加前提 p → q ,而被完整化为演绎推论:

p;

p→q;

q。

非演绎推论之优势地位意味着,法律结论的证成在根本上,必须依据没有逻辑必然性的论证。这当然不意味着,在给出充分理由的意义上,不可能证成法律结论。(参见 Peczenik 1983, S. 1;精确地确定从前提到结论被证成之过渡的前提,Peczenik 1986)证成是否充分,依赖于对证成所提出的要求。

在这一视点下,佩策尼克将在法之脉络中的充分证成区别于深度证成。(a. a. O.)在法之脉络中的充分证成,依据既存的法律传统、法意识形态,它们反过来需要深度证成。(a. a. O.)对证成模式的分阶可以借用图尔敏的图示而展示如下(Peczenik 1983, S. 2):

描述性和评价性理由 → 关于有效的法和关于法律上
正确之裁判的法律结论
↑(法律证成)
法律商谈的推论规则 ← 描述性和评价性理由
(深度证成)↑
法律外(深度)的商谈规则

5.2.1 在法之脉络中的充分证成

在法律证成之框架内运用的(非演绎)推论,能够标示在法内或从社会事件的世界到法的世界的“跨越”(对这一比喻,参见 Peczenik 1983, S. 6, Fn. 4);因此,佩策尼克根据阿列克西在术语上的启发(参见 Aarnio/Alexy/Peczenik 1981, S. 142, Fn. 22),区分了入法的转化和在法中的转化。

5.2.1.1 入法的转化

“入法的转化”概念，关涉从社会事实或非法律的应然，过渡到法律的应然（Aarnio/Alexy/Peczenik 1981，S. 142）：一定的社会事件（如议会中的表决）被阐释成构成有效法和法律约束性的行为。因为法律品质和法律约束性不能从社会事实中演绎地证立，所以这里涉及一个上面说明的实质意义上的转化。

如同法现实主义的代表那样，拒绝和只是元语言地使用“法律应然”概念的人，必须也进行这一转化；因为法现实主义者也被迫鉴别法源，如法律或先例。他可能排斥向法律应然的“种类转化”，但却不能排斥对有效法的“标准转化”，如果他不想陷入一个法律人的困惑生活的话，后者不知道什么是有效的法。（Aarnio/Alexy/Peczenik 1981，S. 142－149；亦参见 Peczenik 1983，S. 23）

根据何种规则进行入法的转化这个问题导向了自然法、法实证主义和法现实主义立场之间的讨论。在法律论辩理论的框架内，对此不能加以叙述。这里，佩策尼克自己的观点导致了一个复杂的理论：它联结了道德的、现实的和规范逻辑的标准，标志了在不同流派争论中的一个独有立场。

5.2.1.2 在法之脉络中的充分证成

入法的转化证立了规范系统总体（宪法和可能的若干法源）之法律性质和法律约束性，而在法中的转化则涉及赋予低阶法源和具体的法律应然判断以效力。（Peczenik 1983，S. 55）如果不进行完整的分类，可以分为从其他法源（如宪法）证立一定法源（如先例）的法源性格（“法源转化”），从一个法源中推出不成文的法规则或法原则（“一般规范转化”）以及根据法源、不成文的法规则和原则而证立具体的法律应然判断。法律转化的简单模式有 pT_1qT_2r 的结构，意味着（Peczenik 1983，S. 56）：

p = 事实和非法律评价；

T_1 = 入法的转化(具有两个方面:T_j = 种类转化和 T_k = 标准转化);

q = 规范系统整体,其宪法和若干独立法源之法效力(法律性质);

T_2 = 在法中的转化即 T_1(渊源转化), T_m(一般规范转化)或者 T_n(个别规范转化);

r = 其他法源、未成文(有效)法规则和法原则以及表达法律应然的具体主张之法效力。

a)法源转化

所有的法律理由是最广义上的法源。(Peczenik 1983, S. 56)法律理由或者是事理理由,或者是权威理由;在事理理由内部可以区分出目的理由和正确性理由。权威理由的特点是,他的力量依据的不是其内容,而是其他理由。

"法源转化"的概念标志了从首要到次要法源的过渡。首要和次要法源之间的区别,取决于为了辨识法源是否必须借助其他法源。如果是,则涉及次要法源;否则是首要法源。首要法源是一国的宪法(Aarnio/Alexy/Peczenik 1981, S. 150.);相比之下,大多数法律和先例是次要法源(第 151 页)。只要对次要法源之法律效力的陈述不是逻辑地得自首要法源,那么这个过渡就包含着一个转化。

与对法源所作的首要和次要之划分相重合的是,根据其约束程度区分。在这一视点下有决定性的是,法源是否必须应该和可以被引用。必须 - 渊源是法律和普通法系中的先例。对于瑞典法,佩策尼克认为先例、立法材料以及在某些案件中的风俗是应该 - 渊源(Peczenik 1983, S. 61);可以 - 渊源比如是法律的专业文献或外国法。

b)一般规范转化

法源转化有利于辨识法源,而一般规范转化则具体化了其内涵。由于法律的“解释”不限于从这一法律中演绎，这里也涉及上文说明过的意义上的转化。

c）个别规范转化

推论则是个别规范转化，如果：

——它带来了具体的法律应然判断；

——它的前提包含了一条普遍法规范，后者是一个法源或者从法源中演绎或通过一般规范转化而推出；

——不可能从这一普遍法规范和事实描述中，演绎出具体的法律应然判断。（Peczenek 1983，S. 80）

5.2.2 深度证成

在法之脉络中的充分证成，相对于法学所接受的法律论证规则而存在；这些规则在法律讨论和证立实践中未被发现问题。这种法律证成的种类和方式反过来是否能被证成的问题，将正当化问题不仅提到更高的层级，并且赋予它另一个更根本的特点。深度证成的问题并未推移证成的参考体系，而是否弃了它；所问的是，是否法律论证“本身”“完全”绝对地能被证成。

因此，负责回答这个问题的是一个普遍的主管者——理性论坛。法学在这个论坛前所要面对的检验问题，涉及法律学科之科学性、法律论证之合理性和法学知识的意识形态基础。

5.2.2.1 法学的科学性

按照佩策尼克的观点，法教义学满足了很多对科学来说典型的条件；它是主体间的，创造了普遍化，并使较简单的理论优越于复杂理论（第 136 页）。另外，在法学中理论和数据之间的差别，有着如同在经验科学中的同样重要性。最后，科学理论的模式，（如 Imre Lakatos 或 Josef D. Sneed 的模式），也可有成效地用于法学。（第 148 页以下）

另一方面，法学不能像自然科学那样限于表述能够为真的理论。法学“理论”和其对象领域发生的关系，不同于自然科学理论。“如果一个科学描述不符合世界,这个描述是错误的,并且世界不变。但是不符合法源的法律‘描述’,却能改变法。”(第142页;这一视点亦参见 Adomeit 1981, S. 14)

佩策尼克将这种不对称归结为评价在法教义学中的特别作用。评价在法学中的意义也证立了自然科学的和法律的归纳之间根本的差别。自然科学领域中的归纳推论表达了假设存在一个规律,而法律归纳的推论表述的却不是一个假设,而是一条规范。其证成所依据的基础,也有规范性特点,如法教义学领域中的归纳推论由形式正义原则所证立。(第145页)

因此,法教义学既展示了描述的成分,也展示了规范的成分;它构成了“关于法源的描述性理论和规范性道德信条的混合体”。(第166页)这一双面性,解释了对于法之脉络中的充分证成,非演绎的步骤起了非常大的作用。两个不同种类之“理论”的适应,没有跨越是不可能的。(a. a. O.)

5.2.2.2　法律论证的合理性

任何想要提出理性要求的论证,必须满足一般性和所提出主张之受支撑(佩策尼克用“支持”)的要求。一般性要求意指,一般地表述论证中出现的描述和评价;对于道德评价和规范,这一要求符合可普遍化原则。受支撑的要求意味着,对于描述和评价,必须提出好的理由;表达“p 支持 q”和“p 是 q 的好理由”是同义的。如果 p 支持 q,那么 p 就成为了 q 的部分证成。(第170页及下页;对“支撑”之概念的精确化,Peczenek 1986)一般性和支持不能同时最大化;因此,理性的最优化意味着实现一般性和支持的最优关系。

法律证成能够满足这两个向理性论证所提出的(基本)要求:法律的普遍性和公正原则,广泛地保障了法教义学语句之一般性;法律论证既由法源又由道德规范和原则所支撑。当然,法律论证的这种最低合理性条件,还留下了极宽的余地。它开示了众多将

各个理性标准置于最优平衡的可能性。(第182页)

以这种最优为念的法律人,必然取向于实践正确性的理念。这一实践正确性理念,是能够有意义地追问规范的“为什么”或评价的前提。由此,佩策尼克驳斥了激进－主观评价理论之立场,由它出发实践正确性的理念显得不可接受。(第185页;佩策尼克对客观评价理论的批评,参见第157页以下)

5.2.2.3 法意识形态

实践理性的规则太弱了,对法律论证的深度证成是不够的。这一证成只能援引“我们文化中被视为当然的信念和义务之更丰富的积累”。(第179页)

故此,法律论证之理性(深度)证成的可能性,是相对于一个基础体系的,后者决定理性或非理性证立之标准。这一相对性不专属于法律论证;理性商谈和理性合意普遍地只在共同的行为观念和概念等等之体系的背景下,才有可能。(第201页,第207页及下页)不同体系之捍卫者相互不能信服,充其量只能说服。这里,以些微改动,佩策尼克诉诸维特根斯坦的生活形式之观念;两个人属于同一个生活形式,“如果他们的体系处于这样一种因果依赖和相关类似的关系,以致他们将各自生活的大多数相关主题都以理性方式讨论过了。”(第208页)

作为社会之文化传统的特别部分,法意识形态也属于生活形式。(第213页)它在法的领域构成了基础体系;对它的认可在社会上不能被质疑。(第211页)佩策尼克援引德沃金指出,法意识形态含有比如法原则,它对法之适用者是有约束的,尽管不能从承认的法源中得出。(第215页)原则的起源“不在于某个立法者或法院的特别决定……而在于职业同行之总体和公众中随着时间而发展出的妥当感”。(Dworkin 1977, S. 40;赞同地引用,Peczenik, S. 216)

一定社会的法意识形态是一个社会现实;当然,谈到法意识形态,只是以模型式的简化复述了社会现象。法意识形态“不是描述性和规范性信念(和主张)之一致和融贯的体系,而毋宁说是持续变迁的信念(主张)的累积;它部分(而从不完全)地可以放置在很多不同的、自身融贯但相互不融贯的体系中”。(第 220 页)

佩策尼克暂时的结论是,法律论证展示了与其他种类论证在结构上的相似性。这特别适用于法律证成的循环结构(或螺旋结构);因为所有种类的论证只能在“经验螺旋”中证成。(第 225 页)

相反,特殊性来自法律论证的超验条件。理论(或自然科学)的论证和道德论证,分别以对应理论意义上的真和实践正确性为前提,而法律论证要求承认“二者本体论上看谜一般的混合”(第 225 页)。然而,从实践立场看,相似性比超验前提上的差别更重要。(第 225 页)在法的领域中,论证的深度证成如同在人类经验的其他领域,同样是可能的。

在我们生活形式的内部,可以证成不同的意识形态(道德理论)。(第 279 页)这迫使个人决定选择一定的意识形态。佩策尼克自己拥护一个复合的意识形态;其既考虑个人的,也考虑超人格的价值。(第 230 页及下页)在个人的价值中,公正有特别的意义;在细节上,他提到了这些原则:

M_1:在根本方面上相同的人,应被平等对待;

M_2:在根本方面上弱势的人,应被保护;

M_3:权利应被保护。

考虑超人格之价值的要求,可以汇总在这个价值判断中:“从一种立场看,法和法律论证在促进文化进步时,比起它们不这样做时更好。”(第 239 页)佩策尼克承认,“文化进步”的概念,虽然提到了各个成分——提高智识的、道德的和审美的贡献力,但仍不确定。然而,他和阿列克西一致地承认,有好机会发展文化进步的内容理论。

5.3 阿尔尼奥的理论

5.3.1 陈述为真的能力与可证立性

法教义学陈述以何种方式并在何种程度上能被证立这个问题与其能否为真的问题,有紧密关联。能够真或假的主张,可以在非常强的意义上证立,即通过证明其为真。如果愿意认可法教义学陈述"真"或"假"的值,那么它们原则上可以终局地被证成;对真的法教义学主张之正确性的怀疑,必须评价为有缺陷认识的结果。如果不愿意这样,那么就提出了问题:在何种意义上能够根本上谈到法教义学主张之有效性。

阿尔尼奥把法教义学主张之为真能力的问题,置于其对法律证立之阐述的起点(Aarnio 1983, S. 385 ff.; Aarnio/Alexy/Peczenik 1981, S. 423 ff.),并认为分开回答是必要的。根据阿尔尼奥的见解,法教义学的任务,一方面是说明法秩序的内涵,另一方面是法律概念和规范的体系化。(Aarnio/Alexy/Peczenik 1981, S. 424)

只要它处理对法秩序之内涵的说明,法教义学就表述了这种结构的规范主张——"在法秩序 x 中有效的法,包含规范 y"。(第 425 页;这里复述简化)对于为真能力的问题,必须区分两类规范主张:第一,规范主张可能限于主张一定法律文义的存在;这种规范主张具有"法律文本含有语句 p"的结构,能够真或者假。第二,规范主张可能给一个法律文本赋予一定内涵;这种规范主张,其结构是"被包含在法律文本中的语句 p,有 I 的内涵"。它为真的能力,在阿尔尼奥看来,依赖于法律文本的意义内涵模糊或者不模糊。在后一种情形,如果法律文本拥有被赋予的内涵,那么规范主张是真的;相反,如果法律文本模糊(多义、评价上开放、不完整),那么相应的规范主张至少不在同样严格的意义上是能够为真的。

如果称能够为真的主张为命题,那么可以区分规范命题和规范立场。如果认可这一分类,那么法教义学主张之为真能力的问题,就集中于规范立场是否和在何种意义上能够为真的问题。

根据法现实主义的立场,关涉不清楚的法律内涵之规范主张,其为真能力的假定似乎是可证立的。如果视规范主张为关于社会事实的陈述(法官未来的裁判、一定群体的法信念、法律人中间占主流的观点),那么它和其他对社会事实的描述分享为真能力的特征。然而,将法规范化约为事实描述或预测——正如阿尔尼奥在和法现实主义的几个变种进行的争论中证明的(第 430 页及下页),却站不住脚(亦参见 Aarnio 1979, S. 214 ff.)。这同样适用于较新的理论(Niiniluoto 1981),据此,规范有效性的主张,与主张规范被法共同体接受为合法,是同义的。但这一观点既不能应对新法生效时的情形,也不能应对法共同体中不存在对一条规范统一或优势解说的情形。(第 432 页及下页)

根据非现实主义的法观念,证立规范主张的为真能力之可能性,也被阿尔尼奥拒斥了。既不能引用与立法者的历史意志相一致,又不能引用与他假设的意志相一致作为规范主张之真的标准。因此,在规范立场之领域,规范主张与规范事实相一致意义上的真不能实现。只能在根本上更弱的意义上,即诉诸真之融贯理论,才能谈到规范立场之真。在这一意义上,规范立场就在这时是真的:"当立场和为支撑它而提出的解释材料之间,存在融贯时。"(第 436 页)由此,规范立场之真是相对于为其所给出之理由而言的。

5.3.2 法共同体的合意

这种"真"之弱点和相对性提出的问题是:在规范立场 I_j——它和"解释材料"(法源)S_j 相一致,和与它相反的、由解释材料 S_k 所支撑的规范立场 I_k 之间,是否根本上有可能作出被证立的选择;或者规范立场之有效性的相对化,是否必然导致任意。阿尔尼奥的回答是:根据纯规范性考量,这里在 I_j 和 I_k 之间不能证立优先关系；为此有必要诉诸社会事实,即法共同体的合意。这一合意决定了何种(广义上的)法源的联合被接受为解释的基础。比如在法国的实践,在注释学派统治下,只有法律文本(连同有关"材料")被承认为法源;而另外,自由法学派未限制可能之法源的清单。

取向于法共同体之合意,不能理解为以此就有了规范立场之真的标准。阿尔尼奥在这里明确地拒绝了真之合意理论。(Aarnio/Alexy/Peczenik 1981, S. 439)然而,不应取决于事实上当下的接受,而是解释的可接受性;必须要求,解释的接受是理性商谈的结果(第439页)。以此保障,作出决定的不是偶然的、可能通过操纵而产生的合意,而是对解释之优先性的理性合意。

这一合意只在一定条件下可能。如果a和b两个人讨论I_1和I_2两种解释间的优先关系,那么(理性的)一致只有这时可能,当:

(1)a和b有这种意义上的共同语言:他们接受同样的主体间意义内涵;

(2)a和b拥有对世界同样的经验视角;并且

(3)a和b分享充分数量的价值;(a. a. O., S. 440; Aarnio 1979, S. 157 ff.)

另外还要求,(4)通过理性商谈获得合意。在前三个前提中,第三个具有关键地位。评价虽然不是完全不受理性探讨——它能直到某种界限而为论证所用,但也只到某种界限。这一界限与个人生活形式之界限相同。理性论证不能超出生活形式的界限;从一种生活形式过渡到另一种生活形式,只有通过说服才可能(S. 442;对此持批评的,Alexy 1979)。

为了说明这一事实,阿尔尼奥除了求助于从维特根斯坦借来的生活形式概念外,还诉诸法哲学文献中更为常见的听众概念。阿尔尼奥称听众为一群人;他们符合(1)~(4)的前提条件。理性论证只有在一个听众内部可能,而不同听众之间的讨论必然不是理性的。(第 443 页)然而,各种生活形式以及各个听众之间的界限,却不得看作一成不变的。阿尔尼奥援引维特根斯坦的观点认为,不同的生活形式或听众之间可能存在家族相似,以致分享一种生活形式不是或者有或者没有的问题。(第 444 页)但阿尔尼奥坚持,只有当问题所属的生活形式之片断对讨论者是共同的时,理性一致才有可能。

6. 法律论证的功能分析与意识形态批判

6.1 系统理论视角中的法律论证(卢曼)

与汇聚于“论证理论”概念下的规定性(规范性论证理论)或分析－描述性进路不同,系统理论既不追问正确论辩的规则,也不追问实际法律论辩的规律,而是追问法律论证的功能。从这一视角看,迄今的法律论辩模式显得有缺陷。“如果以确切的理论兴趣,回顾近数十年来在‘论证理论’之称号下所兴起的东西,找不到什么有帮助的”(Luhmann 1993, S. 348)落入卢曼批评的既有对法律和道德论证之理性”原则(“原则信念”)的依靠,又有法律论证之程序理论的趋势(“遁入程序指令之不可行”,第348页)。诉诸理性和道德原则,随着它们纳入法外的规范性标准,与卢曼“法系统运行上的封闭性”之命题,即“只有法自己能说,什么是法”之主张(第50页,第347页)相互冲突。运行上封闭之法系统的模式,排除道德直接在法律上有相关性。(第78页)

从系统理论的视角,看待法律论辩应关联

到必须保障一方面是法系统的一致性(“冗馀性”),另一方面是法系统的灵活性(“多变性”)。* 简单说,这涉及相对于早先决定的平等或不平等对待。个案必须在其他决定之脉络中定位,“以防系统被去整合化为纯粹一定数量的个别决定”。(第356页)如果视公正为平等对待(“平等-公正”),那么可以说“公正是冗馀性”。(第356页)这里保障冗馀性的论证,不是从规则到案件,而是从个案到个案。(第349页)从中产生了在法律论证框架内赋予类推的意义。

另一方面,再简单说,法系统必须保障不平等对待和规范地区分案件情境之可能性。冗馀性和多变性的概念表述了对法律论证的对立要求。这些要求在卢曼看来,在论证本身的层面,却不是以“持续重复之证立矛盾”的形式出现,而是被规则和原则之网络所掩盖。(第361页)理由引起区别。(第368页)理由通过局限于(我这样看卢曼)一定的、(任意)众多的区别,它们隐瞒了什么,即它们的冗馀性(第370页),而排除了不能依据理由所作的区别。这导致了对法律论证的意识形态批判和“解构”问题。(第371页)

反过来,理由必须被证立。只要文本的文义不够清楚(解释的含义,第362页以下),那么就在法律论证中提出了——正如人们所能表述的——“元理由”的问题。按照卢曼的观点,这里现在主要是指判断法律决定的后果代替了历史上过了时的依据上帝、人的本质或者理性。(第377页以下)

---

* 冗馀性(Redundanz)指的是藉由对某项系统元素的认知,可以同时获得对其他元素的认知。也就是说,在这个时候,对其他元素的认知就不再具有讯息值。多变性(Varietät)指的则是系统中诸多元素具有的变异性与异质性。在这种情况下,就比较不可能从对某项元素的认知而获得对其他元素的认知。虽然冗馀性与多变性两者表面上看起来正好相反,但卢曼认为,在某些形式中,既可以容受高度的变异性,也可以提升冗馀性。可参考 Das Recht der Gesellschaft 第八章。——译者注

然而，必须在系统内部和系统外部的后果，在法律后果和现实后果之间加以区分。（第 380 页）如果考虑系统内部的后果——它仅仅“涉及常见的维持一致性……对冗馀性的预先保障”（第 381 页）——没有问题，那么考虑现实后果，鉴于经验预测的不确定性，就遭遇了相当的疑虑。（第 381 页以下；亦参见 Luhmann 1974；1995）这不仅在这个意义上理解：与决定相关的预测可能是错误的。毋宁说，未来不可避免的不确定，迫使以第三个值（“不确定”）扩张二值的真之观念（“真/非真”）；它与法的二值编码相冲突。（第 383 页及下页）

对一定案件情形之平等对待和其他案件情形之不平等对待的规则，被储存在诸如行政行为授权和法人人格否认等教义学概念中。在这一意义上，法概念无非是区别。（第 386 页）因此，在卢曼看来，常见的对概念法学的论战至少在这时过度了，即当它们作为对法概念的反抗时。相反，毋宁说利益法学所偏好的对利益概念之专注，却将忽略法的自我价值——它不限于“尽可能地实现利益”。（第 392 页）

利益和法的自有分量之间的关系，在系统理论上可以重述为他者参照和自我参照的关系。（第 393 页以下）比如以关涉有约束之文本的形式论述，系统关涉自身，即实践自我参照；以实质论述——属于此的有提示利益，实践了他者参照。常见的利益权衡公式，作为法原则在这一重构时仅仅属于他者参照的领域，并因此陷入批评：因为“它不提供必须向任何决定要求的东西：调和他者参照和自我参照”。（第 398 页）根据系统理论的视角，利益权衡是任何法教义学的“特洛伊木马”。（第 268 页）

卢曼对论证理论之分析的令人清醒之结论是，法律论证的贡献力被法律人和某些哲学家相当高估了。特别是，通过论证不能担保获得唯一正确的决定。（第 402 页）最终支撑决定的，比如说，是法院的惯习和传统。

6.2　对法律论证的后现代批判和批判法律运动(CLS)

法律论证的规范性理论依据的前提是,法律论述原则上服从评价性的判断。如果对解决法律问题存在争议,那么何者是正确的,或者至少较好证立的并由此而值得优先的选项这个问题是有意义的。

这个前提被新近的一个既是语言批判又是意识形态批判的法理论流派所驳斥;它特别表现在美国的批判法律运动中(CLS)。(参见 Kelman 1987; Kennedy 1997; 概览参见 Frankenberg 2009; Oberkofler 2006)在其规则怀疑和语言批判的进路中,批判法律运动与后现代哲学的解构思路(参见 Derrida 1991, S. 20 ff.;不同的,Frankenberg 1987; Haber 1997; Somek 1993; 1995)相一致。

出发点是法的不可避免之不确定。它由"解构主义者"所强调的(法律)文本之模糊所引起。认识到缺乏预定之文本意义,导致了一种规则怀疑主义立场;它让符合规则裁判的模式蒙羞为幻想。(参见 Derrida 1991, S. 46 ff.; 分别述及批判法律运动中的各个立场,Frankenberg 1987, S. 304)

由此,相竞争的法律裁判和论证,不再能以它们和法律相一致的视角而判断。诉诸一般法原则是不适当的,因为各自竞争的原则不能统合为达成合意的裁判准则。(参见 Somek 1995, S. 205 ff.)解释规则和教义学分类虽然结构化了论证的选项,但恰恰未决定这些选项间的选择。选择一种或另一种原则、一种或另一种解决选项,在法律上变得任意,并成为政治决定的对象,因此也依赖于各个裁判者或他的群体之意识形态。(只需参见 Kennedy 1997, S. 133 ff.)

借助这一法和法律裁判根本上的政治性之命题,法律论述之专属有效性的观念,被剥夺了基础。(Somek 1995, S. 207)这里只能略提一下对立的论据。(不同的批评,Frankenberg 1987; 亦见 Habel 1997)

只要从常见的、然而由解构主义者激进化的、对预定文本意义之理念的批评中,得出激进怀疑规则的推论,那就涉及一个“不充分推论”:表述规则的文本,不将唯一正解外的所有决定作为不合规则的而排除,并不意味着它不将某个决定作为不合规则的而排除。词语只在解释共同体之范围内获得“意义”;这无可争议。只要不同的解释共同体是由各自不同之意识形态所塑造的社会群体,那么就法律文本之“正确”解释的相互理解,实际上被不相容的释义模式所阻碍。开启争端者的行为,在一个人看则是自由,在另一个人看是破坏团结的行为。尽管在逻辑上不是不相容,但两个判断却不能取得一致。

再一次,从中却得不出所有法律决定有政治性(在对立的社会利益和意识形态间选择的意义上)。法律裁判能根据“合意模式”(法律规则效劳于整个社会)还是“冲突模式”(法律规则效劳于与其他群体相争夺的一定社会群体)更适当地解释,依赖于众多因素,特别是有关社会之相关法域和社会结构。

7. 判决证立之分析

7.1 对一定类型论据之作用的研究

与众多仅仅例示性并因此选择性关涉法律实践之文本的论证理论构思有所不同的，是迄今仅仅处于初步的、努力对法律论证进行体系地分析。只要这种努力被进行了，它们主要处理联邦高等法院或联邦宪法法院司法中一定论据类型的意义。这里要提到的，是比如对联邦宪法法院（Philippi 1971）、联邦最高法院（Jost 1971；1983）甚至一审法院（Bürkle 1984）司法中事实主张的研究，以及对联邦最高法院民事审判庭（Seiler 1992）和刑事审判庭（Kudlich/Christensen 2009）论证实践的研究。在转向法律论证理论之前，朔伊尔勒在众多论文中就已经分析和批判了法律讨论中对一定论据类型的运用。（Scheuerle 1964；1965；1972）

对理解法律论证之特性，特别有启发的是一方面分析“权威论述”的意义（N. Horn 1975；Drosdeck 1989；R. Zimmermann 1983），另一方面分析后果论述的功能（Deckert 1995a；Hassmer 1982a；Hensche 1998；Luhmann 1974；

Lübbe – Wolff 1981；Sambuc 1977；Wälde 1979；Zhang 2010）。

一方面，法律论证在特别程度上是权威取向的（对此持批评的如 Haba 1977）。这不仅适用于受到法律权威的约束，而且还适用于先例（不同的见 Moral – Soriano 1998）和“通说”（Althaus 1994；Drosdeck 1989）。另一方面，它却越来越“后果主义”地，即援引所期待的裁判后果而论证（Schlachter 1988）。由这种双面性（Klami 1980；Strömholm 1978；Wroblewski 1984；1987）所导致的问题，超出了法律论证理论；它涉及法的功能理论问题（以这一视角，Luhmann 1974；1981），并由此再一次证明了法律论证理论和法之一般理论间的关联。这也特别适用于德沃金那里的与个人权利相关的原则论证，和取向于公共福利的政策论证之间关系的问题。（Dworkin 1977/1984；Langenbucher 1996，S. 6 ff）

尽管所有这些研究在法理论之视点下那么有意义，但在论证理论的视角下，它们都是零散的。它们揭示了一定论述类型的意义，但对分析法律论证之结构少有贡献。为此，有必要全面和系统地分析范围足够广的判决文件。迄今可见到的这种分析，只在两个由德国科学研究协会（DFG）所资助的慕尼黑研究项目中被全面地实施了。* 这种分析的前提是，拥有重构判决证立之形式结构的工具。迄今对这一目标，根本上只有两个不同的模式可用。

---

* 原作者注：一个是“非纯粹经验科学中非经验论述的作用”（1971～1973 年）。它带有纳入日尔曼文本后的一般科学理论提问。其主持人是 Eike von Savigny；参与人有 Manfred Beetz，Günther Grewendorf，Georg Meggle，Ulfrid Neumann，Joachim Rahlf，Ulrich Schroth。另一个是“高等法官司法变更之论证理论视角”（1977～1980 年）；其主持人是 Arthur Kaufmann，Ulfrid Neumann，Jochen Schneider；参与人有 Alfred Büllesbach，Brigitte Fiech，Willi Prinzing，Ulrich Schroth。

7.2 重构判决证立的模式

7.2.1 逻辑模式

为了重构法律论证,第一种模式利用形式逻辑工具,特别是陈述和谓述逻辑。(Alexy 1980; Koch 1980; Koch/Rüssmann 1982, S. 48 ff.; Rüssmann 1976)选择逻辑工具不是或至少不主要是出于技术的视点;毋宁说它依据的信念是,判决证立在核心上,有从普遍前提中演绎的结构。然而,这并不意味着这种观点的可疑性(参见上文),必然触及逻辑重构对准备判决分析在工具上的适合性。(Neumann 1980, S. 138 ff)选择何种技术重构判决证立,是一个合目的性的问题,而非确信法律论证的“逻辑”抑或是“论题”结构的问题。

在这个视角下,另外支持选择逻辑运算的事实是,这种运算完全成熟,并在其他科学领域相当地经受了考验。实际上不容争辩,以陈述或谓述逻辑重构判决证立能够有益于分析判决的目的。使用运算符号说明论证,易于概观;而且从日常语言的论证“翻译”到运算语言,也强迫精确阅读文本,并可能消除语言上的不清晰。

然而,如果判决证立的逻辑重构,显得不大适于准备细致的分析,那是因为逻辑的格栅太大了,甚至不能大致地应对法律论证的事实结构。(同样这么认为,Atienza 1990; Feteris 1994, S. 136)判决证立中的很大部分叙述,必然沦为逻辑重构之选择性的牺牲品。(参见 Rottleuthner 1980, S. 87)当然,重构图示之适合性,依赖于以重构所追求的目标,尤其是进行论证分析所要依据的视点。就此而言,逻辑重构的方法不能也不应被完全抛弃。但是要强调,借助不允许说明论述功能(“x 是 y 的论据”)的工具,为要求较高的论证分析恐怕带不来什么有益的准备。

7.2.2 作为论述之网的法律论证:箭头示意图

要构成细致论证分析之基础的判决重构,必须基于这种论证的功能,并且尽可能接近判决证立事实上的论证进程。这种考虑成为背景而发展出一个相当细分之分析图示。它在两个慕尼黑项目中都被画出。

要求尽可能接近论证进程有双重效果:第一,所有推导步骤必须尽可能展示在图示中;而最小的论证单位(论述)反过来不得再包含推导步骤。第二,论述概念应关联到作者的意图而确定:论述是,作者(法院)作为论述而提出的。冯·萨维尼所给出的定义考虑了这两个视角:

"x 是一个论述"是对的,如果有效的是"一位作者提出 x 作为支持或反对什么的论据,或者提出什么作为支持或反对 x 的论据,并且 x 不能分割成几个部分——作者可以第一部分为论据支持或反对第二部分,或者相反"。(von Savigny 1976b, S. 31;被采纳在 Schroth 1980, S. 120)

在这个定义中,概念"一位作者提出什么作为论据支持或反对 x",被用作未界定的基本概念。对于充分细分的分析,除了基本关系:

1. x 提出 y 作为论据支持或反对 z;

还有必要引入其他的基本概念,即

2. x 提出 y 和 y' 作为共同论据支持或反对 z;

3. x 提出 y 作为论据支持或反对,z 能以 u 被证立或反驳;

4. x 提出 y 和 y' 作为共同论据支持或反对,z 能以 u 被证立或反驳。(von Savigny 1976b, S. 32; Schroth 1980, S. 120)

根据基本概念 3 和 4,论述的定义相应要拓宽。可能引入进一步的基本概念,通过区分,是否仅仅争议 u 是支持或反对 z 的绝对论据,或者 u 证立 z 的能力是否被普遍地质疑了(参见 Schroth 1980, S. 121)。

所引起的论述关系可以形象地表示;那么就有

(a) 1 → 2　　代表:1 是支持 2 的独立论据;

(b) 1 —< 2　　代表:1 是反对 2 的独立论据;

(c) 1 和 2 汇合 —3（1 在上，2 在下）　　代表:1 和 2 是支持 3 的共同论据;

(d) 2→3，1 ↑ 指向箭头　　代表:1 是支持借助 2 证立 3 的论据。

(参见 von Savigny 1976b, S. 39; Schroth 1980, S. 121 f)

借助这种符号,在将一个判决中所使用的论述原子化和全部编号后,可以绘出一个示意图,它反映了论证的形式结构。(例证见 Schroth 1983, S. 144; Grewendorf 1975, S. 142 – 150;分析法律论证的一个细分模式——它还部分借鉴了慕尼黑研究项目的成果,由 Atienza 1990 所发展)

重构裁判时的其他方法,依赖于分析所要致力于的目标。如果,如同第二个慕尼黑研究项目中那样,涉及获得不同论述类型之间的顺序,那么首先必要的是对各个论述的分类。在这个慕尼黑项目中,区分了文义论述、发生史论述、历史论述、利益论述、原则论述、目的论述、规则违宪的论述、法安定性论述、公正论述、后果论述、法律体系论述、可行性论述和模糊论述。(参见 Schroth 1980, S. 122 f. ; 相似地参考慕尼黑项目,Dolder/Buser 1989)

要注意的是,分类的适当性总是提问的功能,因此在其他研究目标,完全不同的分类可能是适当的。(参见如 Rottleuthner 1980, S. 103 ff. 的类型)

要回答何种论述或论述类型典型地胜过了何种论述(类型),还需要操作优位和劣位关系。在慕尼黑项目中,它通过定义“赢方论据类型”和“输方论据类型”之概念(细节参见 Schroth 1980, S. 124)而进行。以此为基础对约一百个判决所做分析之结论的细节,必须留给所计划的该研究成果的独立出版物。总结而言,可以肯定,由克里勒(Kriele 1965)和埃塞尔(Esser 1979)所要求的,部分也已被断定的从“隐藏”发展到“明示”的法官论证,在令人惊讶的广泛范围内已经完成了。比如,联邦高等法院对其司法判决的改变,绝大多数以广义上的后果论述(在公正论述和可行性论述的影响下)所证立。相反,后果考量会反对的偏离于既有判决,在实践中很少出现。

8. 展望

如果在当下叙说对法律论证的研究必然有中期报告的性质,那么必然提出的问题就是法律论辩理论在未来能走什么路。不怕冒先知预言之风险的人,可能被诱至一条描绘发展路线;其中近年和近数十年同质的努力统合为一种理论。它一方面根据广泛地分析法律文本,而达致经验—分析的重构;另一方面,依据法哲学和论证理论问题之广泛交织,而达致法律论证之精致的规范性理论。至少在我看来,这一图景作为对未来任务的表述,是正确的。一种法律论证理论,如果不立于广泛分析法院裁判或其他法律文本的基础之上,可能得出令人印象深刻的论证模式,但它最终还是不令人满意,因为它不能保障和法律论辩之现实的联系。

另外,法律论证理论不能限于单纯的总结。对于上文略提到的法哲学(法价值论)和论证理论问题之间的关联,应更广地关注。论证理论不妨如今天已经开始做的,扩展为一个法的一般理论。而法史和比较法对判决证立之结构的研究,能够给法律论辩理论带来重要贡献,对我而言似乎无须强调了。

参考文献

Aarnio, Aulis: On Legal Reasoning, 1977.

– Can a Sentence Concerning the Content of a Legal Rule Be Valid, ders., Legal Point of View. Six Essays on Legal Philosophy, 1978, S. 146 – 185.

– Denkweisen der Rechtswissenschaft, 1979.

– On the Ideological Nature of Legal Reasoning, in: Vernunft – Erkenntnis – Sittlichkeit hrsg. von P. Schröder, 1979 a, S. 299 – 314.

– On the Paradigm Articulation in Legal Research, in: Rechtstheorie, Beiheft 3 (1981), S. 45 – 56.

– Argumentation Theory – and Beyond. Some Remarks on the Rationalityof Legal Justification, Rechtstheorie 14 (1983), S. 385 – 400.

– The Rational as Reasonable. A treatise on Legal Justification 1986.

– On Rational Acceptability. Some Remarks on Legal Justification, P. Nerhot (Hrsg), Law,

Interpretation and Reality. Essays in Epistemology, Hermeneutics and Jurisprudence, 1990, S. 73 - 83.

Aarnio, A. /R. Alexy/A. Peczenik: The Foundation of Legal Reasoning, in: Rechtstheorie 12 (1981), S. 133 - 158, 257 - 279, 423 - 448.

Aarnio, A. / MacCormick, N. (Hrsg.), Legal Reasoning, 2. Bd., 1992.

Achterberg, Norbert: Argumentationsmängel als Fehlerquellen bei der Rechtsfindung, Rechtstheorie, Beiheft 1 (1979), S. 43 - 57.

Adomeit, Klaus: Rechtstheorie für Studenten, 5. Aufl. 2008.

Albert, Hans: Erkenntnis und Recht. Die Jurisprudenz im Lichte des Kritizismus, Jahrbuch für Rechtssoziologie und Rechtstheorie 2 (1972), S. 80 - 96.

– Traktat über rationale Praxis, 1978.

– Rechtswissenschaft als Realwissenschaft. Das Recht als soziale Tatsache und die Aufgabe der Jurisprudenz, 1993.

– Kritik der reinen Hermeneutik, 1994.

Alchourrón, Carlos E.: Juristische Schlüsse afortiori und a pari, ARSP - Beiheft n. F. Nr. 4 (1965), S. 5 - 26.

– On Law and Logic, in Ratio Iuris 9 (1996), S. 331 - 348.

Alexy, Robert: Theorie der juristischen Argumentation, 4. Aufl. 2001.

– Eine Theorie des praktischen Diskurses, W. Oelmüller (Hrsg.), Normenbegründung, Normendurchsetzung, Materialien zur Normendiskussion Bd. 2, 1978 a, S. 22 - 58.

– Aarnio, Perelman und Wittgenstein. Einige Bemerkungen zu Aulis Aarnios Begriff der Rationalität der juristischen Argumentation, Peczenik/Uusitalo (Hrsg.), Reasoning on Legal Reasoning,

1979, S. 121 – 137.

– R. M. Hares Regeln des moralischen Argumentierens und Leonard Nelsons Abwägungsgesetz, Vernunft – Erkenntnis – Sittlichkeit. Akten des Leonard – Nelson – Symposiums 1977, 1979 a, S. 95 – 122.

– Die logische Analyse juristischer Entscheidungen, W. Hassemer/A. Kaufmann/ U. Neumann (Hrsg.), Argumentation und Recht, ARSP – Beiheft n. F. Nr. 14 (1980a), S. 181 – 212.

– Neil MacCormick, Legal Reasoning and Legal Theory, 1978, Rechtstheorie 11 (1980b), S. 120 – 128.

– Die Idee einer prozeduralen Theorie der juristischen Argumentation, Rechtstheorie, Beiheft 2 (1981), S. 177 – 188.

– Justification and Application of Norms, in: Ratio Iuris 6 (1993), S. 157 – 170.

– Ota Weinbergers Kritik der diskurstheoretischen Deutung juristischer Rationalität, Koller/Krawietz/Strasser (Hrsg.), Grazer Internationales Symposium zu Ehren von Ota Weinberger, 1994, S. 143 – 157.

– Recht, Vernunft, Diskurs. Studien zur Rechtsphilosophie, 1995.

– Die Idee einer prozeduralen Theorie der juristischen Argumentation. (wiederabgedruckt ders., Recht, Vernunft, Diskurs, 1995b, S. 98 – 108.)

– Juristische Interpretation, ders., Recht, Vernunft, Diskurs, 1995 d, S. 71 – 92.

– Probleme der Diskurstheorie, Zeitschrift für philosophische Forschung 43 (1989), S. 81 ff. (wiederabgedruckt in: ders., Recht, Vernunft, Diskurs, 1995c, S. 109 – 126.)

– Rechtssystem und praktische Vernunft, Rechtstheorie 18 (1987), S. 405 – 419; wiederabgedruckt in ders., Recht, Vernunft, Diskurs, 1995e, S. 213 – 231.

– Normenbegründung und Normenanwendung Rechtsnorm und Rechtswirklichkeit. Festschrift für Werner Krawietz, 1993, S. 3 ff. (Wiederabgedruckt in: ders., Recht Vernunft, Diskurs, 1995d, S. 52 – 70.)

– Diskurstheorie und Menschenrechte, in: Recht, Vernunft, Diskurs, 1995e, S. 127 – 164.

– The Special Case Thesis, Ratio Iuris 12 (1999), S. 374 – 384.

– Theorie der Grundrechte, 3. Aufl. 2001.

– Begriff und Geltung des Rechts, 2002.

– Arthur Kaufmanns Theorie der Rechtsgewinnung, U. Neumann/W. Hassemer/U. Schroth (Hrsg.), Verantwortetes Recht. Die Rechtsphilosophie Arthur Kaufmanns, ARSP – Beiheft 100 (2005), S. 47 – 66.

– Hauptelemente einer Theorie der Doppelnatur des Rechts, ARSP 95 (2009), S. 151 – 166.

Alexy/Koch/Kuhlen/Rüßmann, Elemente einer juristischen Begründungslehre, 2003;

Althaus, Stephan: Die Konstruktion einer herrschenden Meinung in der juristischen Kommunikation, 1994;

Anweiler, Jochen: Die Auslegungsmethoden des Gerichtshofs der Europäischen Gemeinschaften, 1997;

Aoi, Hideo: Zur Verbindlichkeit des Präjudizienrechts – Eine kritische Würdigung von Fikentschers Theorie der Fallnorm, ARSP – Beiheft 53 (1994), S. 49 – 62.

Apel, K. O. : Das Apriori der Kommunikationsgemeinschaft und die Grundlagen der Ethik, Transformation der Philosophie, Bd. 2, 5. Aufl. 1993, S. 358 – 435.

– Das Problem der philosophischen Letztbegründung im Lichte einer transzendentalen Sprachpragmatik, B. Kanitscheider (Hrsg.), Sprache und Erkenntnis, 1976 a, S. 55 – 82.

– Sprechakttheorie und transzendentale Sprachpragmatik; zur Frage der Begründung ethischer Normen, ders. (Hrsg.), Sprachpragmatik und Philosophie, 1976 b, S. 10 – 173.

– Diskurs und Verantwortung. Das Problem des Übergangs zur postkonventionellen Moral, 1988.

Arnaud /Hilpinen/ Wroblewski (Hrsg.): Juristische Logik und Irrationalität im Recht, Rechtstheorie Beiheft 8 (1985).

Atienza, Manuel: For a Theory of Legal Argumentation, Rechtstheorie, 21 (1990), S. 393 – 414.

– Derecho como argumentación. Concepciones de la argumentación, 2006.

Auer, Marietta: Materialisierung, Flexibilisierung, Richterfreiheit, 2005;

Augsberg, Ino: Die Lesbarkeit des Rechts. Texttheoretische Lektionen für eine postmoderne juristische Methodologie, Velbruck 2009;

Baden, Eberhard: Gesetzgebung und Gesetzesanwendung im Kommunikationsprozeß, 1977.

Bäcker, Carsten: Der Syllogismus als Grundstruktur des juristischen Begründens, Rechtstheorie 40 (2009), S. 404 – 424;

– Begründen und Entscheiden. Kritik und Rekonstruktion der Alexyschen Diskurstheorie des Rechts, 2008.

Ballweg, Ottmar: Rechtsphilosophie als Grundlagenforschung der Rechtswissenschaft und der Jurisprudenz, Jahrbuch für Rechtssoziologie und Rechtstheorie, Bd. 2 (1972), S. 43 – 49 (Wiederabdruck O. Ballweg, Analytiscne Rechtstheorie [ed. Katharina Gräfin von Schlieffen], 2009, S. 3 ff.)

– Ein wissenschaftstheoretisches Lehrschema für den juristischen Unterricht, Armbruster – Festschrift 1976, S. 253 – 258 (Wiederabdruck O. Ballweg, Analytische Rechtstheorie, 2009, S. 39 ff.)

– Phronetik, Semiotik und Rhetorik, Ballweg/Seibert (Hrsg.), Rhetorische Rechtstheorie, 1982, S. 27 – 71 (Wiederabdruck O. Ballweg, Analytische Rechtstheorie, 2009, S. 87 ff.)

– Rhetorik und Res humanae, Gedächtnisschrift für Peter Noll, 1984, S. 13 – 26 (Wiederabdruck O. Ballweg, Analytische Rechtstheorie, 2009, S. 137 ff.)

– Entwurf einer analytischen Rhetorik, H. Schanze (Hrsg.), Rhetorik und Philosophie, 1989, S. 229 – 247 (Wiederabdruck O. Ballweg, Analytische Rhetorik, 2009, S. 65 ff.)

– Analytische Rhetorik als juristische Grundlagenforschung, Alexy/Dreier/Neumann (Hrsg.), Rechts – und Sozialphilosophie in Deutschland heute, ARSP – Beiheft 44 (1991), S. 45 – 54 (Wiederabdruck O. Ballweg, Analytische Rechtstheorie, 2009, S. 155 ff.)

Ballweg, O./Th. – M. Seibert (Hrsg.): Rhetorische Rechtstheorie, 1982.

Baufeld, Stefan: Diesseits der Logik. Warum die Logik zur Lösung juristischer Probleme wenig beiträgt und warum die topische

Rhetorik dies kann, C. Bäcker/St. Baufeld (Hrsg.), Objektivität und Flexibilität im Recht, ARSP – Beiheft 103 (2005), S. 183 – 199.

Bayer, Wolfgang: Plausibilität und juristische Argumentation, Diss. jur. Mainz, 1976.

– Moderne Rechtsanwendung und antike Rhetorik, Rechtstheorie 25 (1994), S. 219 – 243;

Becker, Michael: Verständigungsorientierte Kommunikation und rechtliche Ordnung, 2003;

Behrens, O. u. a. (Hrsg.): Rechtsdogmatik und praktische Vernunft, 1990.

Berk, Ulrich: Konstruktive Argumentationstheorie, 1970.

Bizer, Kilian u. a. (Hrsg.): Responsive Regulierung, 2002.

Bleckmann, Albert: Zu den Methoden der Gesetzesauslegung in der Rechtsprechung des BVerfG, JuS 2002, 942;

Bleich, Susanne: Der hermeneutische Prozeß: Autor – Text – Rezipient. Von der Fiktionalisierung des juristischen Diskurses zur Rezeption literarischer Werke, 1992.

– Kohärenz und juristische Interpretation, 2000.

Brandom, Robert B.: Begründen und Begreifen, 2001.

Braun, Carl: Diskursethische Normenbegründung in der Rechtswissenschaft, Rechtstheorie 19 (1988), S. 238 – 261.

Brecher, Fritz: Scheinbegründungen und Methodenehrlichkeit im Zivilrecht, Nikisch – Festschrift, 1958, S. 227 – 247.

Breuer, Dieter/ Helmut Schanze (Hrsg.): Topik. Beiträge zur interdisziplinären Diskussion, 1981.

Brink, Stefan: Über die richterliche Entscheidungsbegründung: Funktion – Position – Methodik, 1999.

Broekman, Jan: Juristischer Diskurs und Rechtstheorie, Rechtstheorie 11 (1980), S. 17-46.

- Argumentative und diskursive Objektivierung im Rechtsdenken, Objektivierung des Rechtsdenkens. Gedächtnisschrift für Ilmar Tammelo, 1984, S. 237-256.

Brosek, Bartosz: Defeasibility of Legal Reasoning, 2004.

- Analogy in Legal Discourse, ARSP 94 (2008), S. 188-201.

Brüggemann, Jürgen: Die richterliche Begründungspflicht. Verfassungsrechtliche Mindestanforderungen an die Begründung gerichtlicher Entscheidungen, 1971.

Buchwald, Delf: Der Begriff der rationalen juristischen Begründung, 1990.

- Die canones der Auslegung und rationale juristische Begründung, ARSP 79 (1993), S. 16-47.

Bühler, Axel: Die Logik kognitiver Sätze. Über logische Grundlagen der Argumentation in den Geistes- und Sozialwissenschaften, 1983.

Bürkle, Jürgen: Richterliche Alltagstheorien im Bereich des Zivilrechts, 1984.

Bund, Elmar: Juristische Logik und Argumentation, 1983.

Bung, Jochen: Subsumtion und Interpretation, Baden-Baden 2004.

Busse, Dietrich: Zum Regel-Charakter von Normtextbedeutungen und Rechtsnormen, Rechtstheorie 19 (1988), S. 305-322.

- Juristische Semantik. Grundfragen der juristischen Interpretationstheorie in sprachwissenschaftlicher Sicht, 1993.

- Verstehen und Auslegung von Rechtstexten - institutionelle

Bedingungen, Lerch (Hrsg.), Die Sprache des Rechts, Bd. 2, 2005, S. 7–20.

Bydlinski, Franz: Juristische Methodenlehre und Rechtsbegriff, 2. Aufl. 1991.

– Themenschwerpunkte der Rechtsphilosophie und Rechtstheorie, Jbl 1994, S. 361.

– Über prinzipiell – systematische Rechtsfindung im Privatrecht, 1995.

Canaris, Claus – Wilhelm: Die Feststellung von Lücken im Gesetz, 2. Aufl. 1983.

– Funktion, Struktur und Falsifikation juristischer Theorien, JZ 1993, S. 377 ff.

Castendyk, Oliver: Rechtliche Begründungen in der Öffentlichkeit, 1994.

Christensen, Ralph: Was heißt Gesetzesbindung? Eine rechtslinguistische Untersuchung, 1989.

– Die Paradoxie richterlicher Gesetzesbindung, Lerch (Hrsg.), Die Sprache des Rechts, Bd. 2, 2005, S. 1–103.

Christensen/Kudlich: Theorie richterlichen Begründens, 2001.

Christensen/Kudlich: Die Auslegungslehre als implizite Sprachtheorie des Juristen, ARSP 2002, 230–246.

Christensen/Sokolowski: Die Krise der Kommunikation und die Möglichkeit juristischen Argumentierens, Kent D. Lerch (Hrsg.), Die Sprache des Rechts Bd. 2, 2005, S. 105–154;

Clemens, Christian: Strukturen juristischer Argumentation, 1977.

Coing, Helmut: Grundzüge der Rechtsphilosophie, 5. Aufl. 1993.

Coles, Christina: Folgenorientierung im richterlichen Entscheidungsprozess:ein interdisziplinärer Ansatz,Frankfurt am Main 1991.

Cordes, Albrecht (Hrsg.): Juristische Argumentation – Argumentation der Juristen,2006;

Däubler, Wolfgang: Das soziale Ideal des Bundesarbeitsgerichts, 1975.

Damas, Jens – Peter: Ist die Rechtswissenschaft eine "Wissenschaft"?, ARSP 89 (2003), S. 186 – 199.

Deckert, Martina R.: Folgenorientierung in der Rechtsanwendung, 1995a.

– Effizienz als Kriterium der Rechtsanwendung, in: Rechtstheorie 26 (1995b), S. 117 – 133.

– Zur Theorie der juristischen Argumentation – Juristisches Argumentieren am Beispiel Robert Alexys, JA1995c. S. 523 – 527.

Derrida, Jaques: Du droit à la philosophie, 1990.

– Force de la loi. Le "fondement mystique de l' autorité", 1990; deutsch: Gesetzeskraft, 1991.

Diederichsen, Uwe: Die "reductio ad absurdum" in der Jurisprudenz, Larenz – Festschrift, 1973, S. 155 – 179.

Dolder, F/W. Buser: Klassifizierung von Argumentkombinationen in Gerichtsurteilen mit der partitionierenden Cluster – Analyse, Rechtstheorie 20 (1989), S. 380 – 401.

Dorndorf, Eberhard: Juristische Rhetorik und dogmatische Rechtswissenschaft, ARSP 81 (1995), S. 249 – 257.

Dreier, Ralf: Zum Begriff der "Natur der Sache", 1965.

– Recht und Moral, ders., Recht – Moral – Ideologie. Studien zur Rechtstheorie, 1981, S. 180 – 216;

– Zum Selbstverständnis der Jurisprudenz als Wissenschaft,

ders. ,Recht – Moral – Ideologie. Studien zur Rechtstheorie,1981 a, S. 48 – 69 (Wiederabdruck).

– Rechtsphilosophie und Diskurstheorie. Bemerkungen zu Habermas' "Faktizität und Geltung",Zeitschrift für philosophische Forschung 48 (1994),S. 90 – 103.

– Hauptströmungen gegenwärtiger Rechtsphilosophie in Deutschland,ARSP 82 (1996),S. 155 – 163.

Drosdeck, Thomas: Die herrschende Meinung. Autorität als Rechtsquelle,1989.

Dworkin, Ronald: Taking Rights Seriously, 1977 (deutsch: Bürgerrechte ernstgenommen,1984).

– Law, Philosophy and Interpretation, ARSP 1994, S. 463 – 475.

Eberle, Norbert: Zur Rhetorik des zivilprozessualen Beweises, 1989.

Ebsen, Ingwer: Klassifikatorische, komparative und metrische Rechtssätze – ihre logische Struktur und ihre Bedeutung für die Rechtsanwendung,Rechtstheorie 11 (1980),S. 55 – 76.

Eckensberger, Lutz: Anmerkungen zur Beziehung zwischen Recht und Moral aus entwicklungspsychologischer Sicht,H Jung/U. Neumann (Hrsg.),Rechtsbegründung – Rechtsbegründungen,1998, S. 19 – 55.

van Eemeren/Grootendorst: Argumentation. Communication and Fallacies:A Pragma – Dialectical Perspective,1992.

Eidenmüller,Horst:Rechtswissenschaft als Realwissenschaft,JZ 1999,S. 53 – 61.

Eikema Hommes,Hendrik:The Relevance of Poppers Scientific Method for Legal Theory,Rechtstheorie 14 (1983),S. 459 – 471.

Ellscheid, Günter: Probleme der Regelbildung in der richterlichen Entscheidungspraxis, Herberger/Neumann/Rüßmann (Hrsg.), Generalisierung und Inuividualisierung im Rechtsdenken, ARSP – Beiheft Nr. 45 (1992), S. 23 – 35.

Enderlein, Wolfgang: Abwägung in Recht und Moral, 1991.

Engländer, Armin, Diskurs als Rechtsquelle? Zur Kritik der Diskurstheorie des Rechts, 2002.

Esser, Josef: Vorverständnis und Methodenwahl in der Rechtsfindung, 2. Aufl. 1972.

– Methodik des Privatrechts, Enzyklopädie der geisteswissenschaftlichen Arbeitsmethoden, 11. Lieferung, München 1972.

– Möglichkeiten und Grenzen des dogmatischen Denkens im modernen Zivilrecht, AcP 171 (1972b), S. 97 – 130.

– Grundsatz und Norm in der richterlichen Fortbildung des Privatrechts, 4. Aufl. 1990.

– Zum Stand der Argumentationstheorie im Brüsseler > Centre National de Recherche de Logique <, ARSP 64 (1978), S. 437 – 442.

– Juristisches Argumentieren im Wandel des Rechtsfindungskonzepts unseres Jahrhunderts, 1979.

– Argumentations – und Stilwandel in höchstrichterlichen Zivilentscheidungen, Etudes de logique juridique, 1973, S. 53 – 77. (Wiederabgedruckt in. ders., Wege der Rechtsgewinnung, 1990, S. 210 – 234)

– Wege der Rechtsgewinnung 1990.

Feller, Urs: Folgenerwägungen und Rechtsanwendung, Zürich 1998.

Ferber, Rafael: Moralische Urteile als Beschreibung institutioneller Tatsachen – unterwegs zu einer neuen Theorie moralischer Urteile, ARSP 79 (1993), S. 372 ff.

Feser, Andreas: Das Recht im juristischen Denken. Das hermeneutische Prinzip als allgemeine Denkweise juristischer Methodik von der Regelbildung bei der Normsetzung bis zur Regelkonkretisierung durch den Richter, 1996.

Feteris, Eveline: Recent Development in Legal Argumentation Theory: Dialectical Approaches to Legal Argumentation, Revue Internationale de Sémiotique Juridique, 1994, S. 133 – 153.

Fikentscher, Wolfgang: Methoden des Rechts in vergleichender Darstellung, Bd. IV, Dogmatischer Teil, 1977.

Fohmann, Lothar: Konkurrenzen und Kollisionen im Verfassungsrecht. Studien zur Operationalisierung spezifischer Rechtsanwendungsmethoden und zur Konstruktion einer rechtsorientierten Argumentationstheorie, 1978.

Follesdahl/Walloe/Elster: Rationale Argumentation, 1986.

Forsthoff, Ernst: Die Umbildung des Verfassungsgesetzes, Carl Schmitt – Festschrift, 1959; (wiederabgedruckt ders., Rechtsstaat im Wandel, 2. Aufl. 1976, S. 130 – 153.)

Frankena, William K.: Analytische Ethik (1972) 5. Aufl. 1994.

Frankenberg, Günter, Partisanen der Rechtskritik: Critical Legal Studies etc., Buckel/Christensen/Fischer – Lescano (Hrsg.), Neue Theorien des Rechts, 2. Aufl. 2009, S. 93 – 111.

Frosini, Vittorio: Gesetzgebung und Auslegung, 1995.

Garrn, Heino: Die "Natur der Sache" als Grundlage der juristischen Argumentation, ARSP 68 (1982), S. 60 – 71.

– Zur Rationalität rechtlicher Entscheidungen, 1986.

– Zur rechtspraktischen Bedeutung einer Theorie der juristischen Rhetorik, Alexy/Dreier/ Neumann (Hrsg.), Rechts – und Sozialphilosophie in Deutschland heute, ARSP – Beiheft Nr. 44 (1991), S. 96 – 109.

Gast Wolfgang: Rechtserkenntnis und Gewaltstrukturen, 1975.

– Zur Einübung der Ungewißheit. Sprachspiele aus der Vorschule juristischen Argumentierens, Hassemer/Kaufmann/Neumann (Hrsg.), Argumentation und Recht, ARSP – Beiheft Nr. 14 (1980), S. 147 – 169.

– Recht als ius argumentandi, Ballweg/Seibert (Hrsg.), Rhetorische Rechtstheorie, 1982, S. 297 – 320.

– Juristische Rhetorik. Auslegung, Begründung, Subsumtion (1988), 4. Aufl. 2006;

Gethmann, Carl Friedrich: Die Logik der Wissenschaftstheorie, ders. (Hrsg.), Theorie des wissenschaftlichen Argumentierens, 1980, S. 15 – 42.

– Zur methodischen Ordnung regellogischer Kalkültypen, ders. (Hrsg.), Logik und Pragmatik. Zum Rechtfertigungsproblem logischer Sprachregeln, 1982, S. 53 – 77.

– (Hrsg.): Theorie des wissenschaftlichen Argumentierens, 1980.

Gethmann/Hegselmann: Das Problem der Begründung zwischen Dezisionismus und Fundamentalismus, ZAWissTh 8 (1977), S. 342 – 368.

Giaro, T.: L'argumentation dogmatique et l'argumentation scientifique, Rechtshistorisches Journal 1994a, S. 271 – 302.

– Die Illusion der Wissenschaftlichkeit, Index 22 (1994b).

– Zivilistik als Geschichte und Theorie, Rechtshistorisches

Journal 14,(1995),S. 345 ff.

Gizbert - Studnicki, Thomas: The Burden of Argumentation in Legal Disputes, Ratio Iuris 3, S. 118 - 129.

Goebel, Joachim: Rechtsgespräch und kreativer Dissens, 2001.

Golding, Martin P.: Legal Reasoning, New York 1984.

Gordon, Thomas F.: The pleadings game: An Artificial Intelligence Model of Procedural Justice, Diss. Darmstadt 1993.

Gottwald, Perter: Richterliche Entscheidung und rationale Argumentation, ZZP 98 (1985), S. 113 - 130.

Grabowski, Andrzej: Judicial Argumentation and Pragmatics, 1999.

- Sonderfallthese - Its Critique and Interpretation, Rechtstheorie 34 (2003), S. 371 ff.

- Der juristische Geltungsbegriff des gesetzlichen Rechts. Kritik der nichtpositivistischen Konzeptionen des Rechts (poln. mit deutscher Zusammenfassung [S. 623 - 666]), 2009.

Grasnick, Walter: Ontologie versus Rhetorik - et vice versa, Rhetorik 15 (1996), S. 66 ff.

- Argumentation versus Interpretation, JZ 2004, 232.

- Entscheidungsgründe als Textcollage, Müller/Wimmer (Hrsg.), Neue Studien zur Rechtslinguistik, 2001, S. 2 ff.

Grewendorf, Günther: Argumentation und Interpretation. Wissenschaftstheoretische Untersuchungen am Beispiel germanistischer Lyrikinterpretationen, 1975.

- Logische Kommunikation und kommunikative Logik. Zur Kritik einer formalen Pragmatik von Begründungsdiskursen, Gethmann (Hrsg.), Logik und Pragmatik. Zum Rechtfertigungsproblem logischer Sprachregeln, 1982, S. 95 - 124.

Gril, Peter: Die Möglichkeit praktischer Erkenntnis aus der Sicht der Diskurstheorie. Eine Untersuchung zu Jürgen Habermas und Robert Alexy, 1998.

– Alexys Version einer transzendental – pragmatischen Begründung der Diskursregeln im Unterschied zu Habermas, ARSP 83 (1997), S. 206 – 216.

Grimm, Dieter: Entscheidungsfolgen als Rechtsgründe: Zur Argumentationspraxis des deutschen Bundesverfassungsgerichts, G. Teubner (Hrsg.), Entscheidungsfolgen als Rechtsgründe, 1995, S. 139 – 159.

Groeben/Christmann, Argumentationsintegrität als Zielidee im Rechtssystem?, Lerch (Hrsg.), Die Sprache des Rechts Bd. 2, 2005, S. 155 ff;

Gröschner, Rolf: Dialogik und Jurisprudenz. Die Philosophie des Dialogs als Philosophie der Rechtspraxis, 1982;

– Theorie und Praxis der juristischen Argumentation, JZ 1985, S. 170 – 174;

Günther, Klaus: Der Sinn für Angemessenheit. Anwendungsdiskurse in Moral und Recht, 1988.

– Ein normativer Begriff der Kohärenz für eine Theorie der juristischen Argumentation, Rechtstheorie 20 (1989), S. 163 – 190.

– Warum es Anwendungsdiskurse gibt, Jahrbuch für Recht und Ethik 1 (1990), S. 379 – 389.

– Critical Remarks on Robert Alexys 'Special Case Thesis', Ratio Juris 6 (1993b), S. 149 ff.

– Diskurstheorie des Rechts oder liberales Naturrecht in diskurstheoretischem Gewande, KJ 1994, S. 470 – 487.

– Universalistische Normbegründung und Normanwendung in

Recht und Moral, HerbergerNeumann/Rüßmann (Hrsg.); Generalisierung und Individualisierung im Rechtsdenken, ARSP - Beiheft Nr. 45 (1994b), S. 36 - 76.

Haba, E.: Rationalität der Autorität oder Autorität der Rationalität, Rechtstheorie 8 (1977), S. 145 ff.;

Habermas, Jürgen: Theorie der Gesellschaft oder Sozialtechnologie? Eine Auseinandersetzung mit Niklas Luhmann, Habermas/Luhmann, Theorie der Gesellschaft oder Sozialtechnologie?, 1971, S. 142 - 290.

- Wahrheitstheorien, in: Wirklichkeit und Reflexion. Festschrift fürWalter Schulz zum 60. Geburtstag, 1973, S. 211 - 265.

- Legitimationsprobleme im Spätkapitalismus, (1973 a), 9. Aufl. 1992.

- Legitimationsprobleme im modernen Staat, Politische Vierteljahresschrift, Sonderheft 7 (1976), S. 39 - 61.

- Was heißt Universalpragmatik?, K. O. Apel (Hrsg.), Sprachpragmatik und Philosophie, 1976 a, S. 174 - 272.

- Theorie des kommunikativen Handelns, 1981.

- Diskursethik - Notizen zu einem Begründungsprogramm, in: ders., Moralbewußtsein und kommunikatives Handeln (1983), 6. Aufl. 1996, S. 53 - 125.

- Vorstudien und Ergänzungen zur Theorie des kommunikativen Handelns (1984), 1995.

- Über Moralität und Sittlichkeit - Was macht eine Lebensform "rational?", Schnädelbach (Hrsg.), Rationalität, 1984 a, S. 218 - 235.

- Der Philosoph als wahrer Rechtslehrer, in: ders., Die nachhollende Revolution, 1990, S. 51 - 64.

– Texte und Kontexte, 1991a.

– Erläuterungen zur Diskursethik, 1991 b.

– Faktizität und Geltung, 1992, 4. Aufl. 1994.

– Die Einbeziehung des Anderen. Studien zur politischen Theorie, 1996.

– Richtigkeit versus Wahrheit. Zum Sinn der Sollgeltung moralischer Urteile und Normen, in: ders., Wahrheit und Rechtfertigung, 1999, S. 271 – 318.

Haft, Fritjof: Strafrecht und Rhetorik, JuS 1981, S. 718 – 721.

– Juristische Hermeneutik und Rechtsrhetorik, W. Hassemer (Hrsg.), Dimensionen der Hermeneutik. Arthur Kaufmann zum 60. Geburtstag, 1984, S. 91 – 101.

– Recht und Sprache, A. Kaufmann/W. Hassemer (Hrsg.), Einführung in Rechtsphilosophie und Rechtstheorie der Gegenwart, 6. Aufl. 1994, S. 269 – 291.

– Juristische Rhetorik, 5. Aufl. 1995.

Haft, F./Hilgendorf E.: Juristische Argumentation und Dialektik. Ein Streifzug durch die Geschichte des juristischen Argumentationsmethoden, in: Festschrift für Arthur Kaufmann, 1993, S. 93 – 109.

Harenburg, J./G. Seeliger: Transformationsprozesse in der Rechtspraxis. Eine Untersuchung von Rechtsanwalt/Klienten – Gesprächen, G. Böhme/ M. v. Engelhardt (Hrsg.), Entfremdete Wissenschaft, 1979, S. 56 – 84.

Hart, H. L. A.: Definition and Theory in Jurisprudence, The LawQuarterly Review 70 (1954), S. 37 – 60.

Hassemer, Winfried: Juristische Argumentationstheorie und juristische Didaktik, Jahrbuch für Rechtssoziologie und Rechtstheorie

Bd. 2, (Rechtstheorie – Grundlagenwissenschaft der Rechtswissenschaft) ,1972 ,S. 467 – 480.

– Über nicht – juristische Normen im Recht, in: Zeitschrift für Vergleichende Rechtswissenschaft, 81 (1982) ,S. 84 – 105.

– Über die Berücksichtigung von Folgen bei der Auslegung der Strafgesetze, in: Coing – Festschrift, 1982 a, S. 493 – 524.

– Juristische Methodenlehre und richterliche Pragmatik, Festschrift für Heike Jung, 2007, S. 231 – 259.

– Juristische Methodenlehre und richterliche Pragmatik, Rechtstheorie 39 (2008) ,S. 1 – 22.

Hassemer, W. / A. Kaufmann/ U. Neumann (Hrsg.): Argumentation und Recht, ARSP – Beiheft n. F. Nr. 14 (1980).

Haverkate, Görg: Offenes Argumentieren im Urteil. Über die Darstellung der richterlichen Wertung bei kontroversen Rechtsfragen, ZRP 1973, S. 281 – 287.

Hegenbarth, Rainer: Juristische Hermeneutik und linguistische Pragmatik, 1982.

– Logische Pragmatik, C. F. Gethmann (Hrsg.), Theorie des wissenschaftlichen Argumentierens, 1980, S. 190 – 212.

Henke, Wilhelm: Kritik des kritischen Rationalismus, 1974.

Hensche, Martin: Probleme einer folgenorientierten Rechtsanwendung, Rechtstheorie 29 (1998) ,S. 103 – 120.

– Auslegung und rechtsfortbildende Explikation des Gesetzes, ARSP 87 (2001) ,S. 373 ff.

Herberger, M. /D. Simon: Wissenschaftstheorie für Juristen. Logik – Semiotik – Erfahrungswissenschaften, 1980.

Hiebaum, Christian/Peter Koller (Hrsg.), Politische Ziele und juristische Argumentation, ARSP – Beiheft Nr. 92 (2002).

Hirsch, Günter: Auf dem Weg zum Richterstaat?, JZ 2007, S. 853 – 858.

Herbert, M.: Rechtstheorie als Sprachkritik. Zum Einfluß Wittgensteins auf die Rechtstheorie, 1995.

Heyen, Erk – Volkmar: Bedingungen einer Rekonstruktion rechtlichen Argumentierens. Zum Verhältnis von Philosophie und Rechtswissenschaft, ARSP 60 (1974), S. 353 – 374.

– Erfahrung und Begründung in der Verwaltungswissenschaft: Grundprobleme interdisziplinärer Verständigung, Die Verwaltung 9 (1976), S. 433 – 451.

Hilgendorf, Eric: Argumentation in der Jurisprudenz, 1991.

– Zur transzendentalpragmatischen Begründung von Diskursregeln, Rechtstheorie 27 (1995), S. 185 – 200.

– Argumentationstheorie zwischen den Stühlen, ARSP 82 (1996a), S. 126 – 133.

– Moralphilosophie und juristisches Denken, ARSP 82 (1996b), S. 397 – 415.

Hocks, Stephan: "Gerichtsgeheimnis und Begründungszwang." Zur Publizität der Entscheidungsgründe im Ancient Régime und im frühen 19. Jahrhundert, 2002.

Van Hoecke, Mark: Norm, Kontext und Entscheidung, 1988.

Höffe, Otfried: Entscheidungstheoretische Denkfiguren und die Begründung von Recht, W. Hassemer/ A. Kaufmann/ U. Neumann (Hrsg.), Argumentation und Recht. ARSP – Beiheft n. F. Nr. 14 (1980), S. 21 – 57.

Hoerster, Norbert: Utilitaristische Ethik und Verallgemeinerung, 2. Aufl. 1977.

– Vorurteil, Konsens und Rechtsauslegung, JuS 1985, S. 665 –

669.

Hofmann, Hasso: Neuere Entwicklungen in der Rechtsphilosophie, 1996.

Holländer, Pavel: Verfassungsgerichtliche Argumentation – zwischen dem Optimismus und der Skepsis, 2007;

Honneth, Axel: Der Affekt gegen das Allgemeine. Zu Lyotards Konzept der Postmoderne, 1984, S. 983 – 902.

Honsell, Thomas: Historische Argumente im Zivilrecht. Ihr Gebrauch und ihre Wertschätzung im Wandel unseres Jahrhunderts, 1982.

Horak, Franz: Zur rechtstheoretischen Problematik der juristischen Begründung von Entscheidungen, Sprung/König (Hrsg.), Entscheidungsbegründung, 1974, S. 1 – 26.

Horn, Dieter: Rechtssprache und Kommunikation, 1966.

Horn, Hans – Rudolf: Individualisierte Normen in Rechtsprechung und Verwaltung, Etudes de Logique Juridique, 6 (1976), S. 79 – 102.

– Die Natur der Sache als juristischer Argumentations – topos im situativen Bezug, Rechtstheorie 8 (1977), S. 165 – 183;

– Kommunikation als öffentliche Aufgabe, ARSP 82 (1990), S. 562 – 569.

– Are There Several theories of Legal Argumentation?, H. J. Koch/U. Neumann (Hrsg.), Praktische Vernunft und Rechtsanwendung, ARSP – Beiheft Nr. 53 (1994), S. 139 – 142.

Horn, Norbert: Zur Bedeutung der Topiklehre Theodor Viehwegs für eineeinheitliche Theorie des juristischen Denkens, NJW 1967, S. 601 – 608.

– Rationalität und Autorität in der juristischen Argumentation,

Rechtstheorie 6 (1975),S. 145 – 160.

– Topik in der rechtstheoretischen Diskussion, Breuer/ Schanze (Hrsg.), Topik. Beiträge zur interdisziplinären Diskussion, 1981, S. 57 – 64.

– Einführung in die Rechtswissenschaft und Rechtsphilosophie, 4. Aufl. 2007.

Horster, Detlef: Das Recht in modernen Gesellschaften, ARSP 80 (1994), S. 117 – 123.

Huang, Chung – Cheng, Das Verhältnis von moralischem Diskurs und rechtlichem Diskurs bei Jürgen Habermas, 2007.

Huber, Ulrich: Savignys Lehre von der Auslegung der Gesetze in heutiger Sicht, JZ 2003, S. 1 ff.

Hubien, Hubert (Hrsg.): Le raisonnement juridique. Actes du congrès mondial de philosophie du droit et philosophie sociale, 1971.

Hülsmann, Heinrich: Argumentation, Faktoren der Denksozialität, 1971.

Huster, Stefan, Rechtswissenschaft als Realwissenschaft? Anmerkungen zu Hans Alberts Konzeption der Jurisprudenz, E. Hilgendorf (Hrsg.), Wissenschaft, Religion und Recht. Hans Albert zum 85. Geburtstag am 8. Februar 2006, S. 385 – 399.

Huth, Lutz: Argumentationstheorie und Textanalyse, Der Deutschunterricht, 1975, S. 80 – 111.

Hwang, Shu – Perng, Rechtsbindung durch Rechtsermächtigung, Rechtstheorie 40 (2009), S. 43 – 70.

Jackson, Bernard S.: Law, fact and narrative coherence, 1988.

Jansen, Nils: Die Struktur der Gerechtigkeit, 1998.

Jean d'Heur, Bernd: Sprachliches Referenzverhalten bei der juristischen Entscheidungstätigkeit, 1989.

Joerden, Jan C.: Logik im Recht, 2. Aufl. 2010.

Jørgensen, Stig: Die rechtliche Entscheidung und ihre Begründung, Ballweg/Seibert (Hrsg.), Rhetorische Rechtstheorie, 1982, S. 337 - 364.

Jost, Fritz: Soziologische Feststellungen in der Rechtsprechung des Bundesgerichtshofs in Zivilsachen, 1979.

- Tatsachenbehauptungen als Elemente juristischer Argumentation, in: Zeitgenössische Rechtskonzeptionen, ARSP - Suppl. I, 3, 1983, S. 163 - 172.

Kähler, Lorenz: Methoden und Strukturen der Rechtsprechungsänderung, Diss. Göttingen 2003;

Kahn - Freund, Otto: Das soziale Ideal des Reichsarbeitsgerichts (1931), Thilo Ramm (Hrsg.), Arbeitsrecht und Politik, 1966, S. 149 - 210.

Kalinowski, Georges: Le rationel et l'argumentation de Chaim Perelman et Lucie Olbrechts - Tyteca, Revue Philosophique de Louvain 70 (1972), S. 404 - 418.

- Le raisonnement juridique: Etat actuel de la question. Bilan et perspec - tive, Die juristische Argumentation, ARSP - Beiheft n. F. Nr. 7, 1972 a, S. 17 - 42.

- Einführung in die Normenlogik, 1973.

Kallmeyer, Werner (Hrsg.): Gesprächsrhetorik. Rhetorische Verfahren in Gesprächsprozessen, 1996;

Kambartel, Friedrich: Überlegungen zum pragmatischen und argumentativen Fundament der Logik, K. Lorenz (Hrsg.), Konstruktionen versus Positionen Bd. 1, 1979, S. 216 - 228.

- Was ist und soll Philosophie, 1968.

Kamlah/Lorenzen: Logische Propädeutik, Bd. 1, 1967.

Kastendieck, Kristina: Der Begriff der praktischen Vernunft in der juristischen Argumentation, 2000.

Kaufmann, Arthur: Analogie und "Natur der Sache". Zugleich ein Beitrag zur Lehre vom Typus, 2. Aufl. 1982.

– Freirechtsbewegung – lebendig oder tot? – Ein Betrag zur Rechtstheorie und Methodenlehre, (wiederabgedruckt ders., Rechtsphilosophie im Wandel, 2. Aufl. 1984, S. 231 – 249.)

– Einige Bemerkungen zur Frage der Wissenschaftlichkeit der Rechtswissenschaft, Bockelmann – Festschrift, 1979, S. 67ff.; (wiederabgedruckt in und zitiert nach: ders., Beiträge zur juristischen Hermeneutik, 1984 a, 2. Aufl. 1993, S. 119 – 125.)

– Durch Naturrecht und Rechtspositivismus zur juristischen Hermeneutik, in: Juristenzeitung 1975, S. 337ff.; (wiederabgedruckt in und zitiert nach: ders., Beiträge zur juristischen Hermeneutik, 1984 b, 2. Aufl. 1993, S. 79 – 88.)

– Naturrecht und Geschichtlichkeit, 1957; (wiederabgedruckt in und zitiert nach: ders., Rechtsphilosophie im Wandel, 2. Aufl. 1984 c, S. 1 – 21.)

– Recht und Rationalität. Gedanken beim Wiederlesen der Schriften von Werner Maihofer, in: Maihofer – Festschrift 1988, S. 22 – 39.

– Die Entwicklung der Rechtsphilosophie im 20. Jahrhundert, in: Law at the Turn of the 20th Century, 1994, S. 25 – 47.

– Rechtsphilosophie, 2. Aufl. 1997.

– Das Verfahren der Rechtsgewinnung. Eine rationale Analyse, 1999.

– Die Rolle der Abduktion im Rechtsgewinnungsverfahren, G. Britz u. a. (Hrsg.), Festschrift für Heinz Müller – Dietz, 2001, S.

349 – 360.

Kellmann, Christof: Kritischer Rationalismus in der Rechtswissenschaft?, Rechtstheorie 6 (1975), S. 83 – 103.

Kelman, Mark: A Guide to Critical Legal Studies, 1987.

Kennedy, Duncan: A Critique of Adjudication, 1977.

Kerimov, D. V. Toumanov: "Le raisonnement juridique" et la méthodologie de la science du droit, Die juristische Argumentation, ARSP – Beiheft n. F. Nr. 7, 1972, S. 93 – 101.

Kern, Lucien: Von Habermas zu Rawls; Praktischer Diskurs und Vertragsmodell im entscheidungslogischen Vergleich, Kern/Müller (Hrsg.), Gerechtigkeit, Diskurs oder Markt? Die neue Ansätze in der Vertragstheorie, 1986, S. 83 ff.

Kettner, Matthias: Warum es Anwendungsfragen, aber keine "Anwendungsdiskurse" gibt, Jahrbuch für Recht und Ethik 1 (1993), S. 365 – 378;

Kilian, Wolfgang: Juristische Entscheidung und elektronische Datenverarbeitung, 1974.

Kischel, Uwe: Die Begründung. Zur Erläuterung staatlicher Entscheidungen gegenüber dem Bürger, 2002.

Klami, Hannu Tapani: Anti – Legalism: Five Essays in the Finalistic Theory of Law, 1980.

Klatt, Matthias, Theorie der Wortlautgrenze. Semantische Normativität in der juristischen Argumentation, 2004.

– Die Wortlautgrenze, Lerch (Hrsg.), Die Sprache des Rechts, Bd. 2, 2005, S. 343 – 368.

Klein, Wolfgang, Argumentation und Argument, Zeitschrift für Literaturwissenschaft und Linguistik, 1980, S. 9 – 57.

Klug, Ulrich: Juristische Logik, 4. Aufl. 1982.

Kneubühler, Lorenz: Die Begründungspflicht. Eine Untersuchung über die Pflicht der Behörden zur Begründung ihrer Entscheidungen, 1998.

Kötz/Schäfer: Judex oeconomicus. 12 höchstrichterliche Entscheidungssammlungen kommentiert aus ökonomischer Sicht, 2003.

Koch, Hans - Joachim: Der unbestimmte Rechtsbegriff im Verwaltungsrecht, ders. (Hrsg.), Juristische Methodenlehre und analytische Philosophie, 1976, S. 186 - 213.

– Ansätze einer juristischen Argumentationstheorie?, ARSP 63 (1977), S. 355 - 377.

– Das Frankfurter Projekt zur juristischen Argumentation: Zur Rehabilitation des deduktiven Begründens juristischer Entscheidungen, W. Hassemer/A. Kaufmann/U. Neumann (Hrsg.), Argumentation und Recht, ARSP - Beiheft n. F. Nr. 14 (1980), S. 59 - 86.

– Deduktive Entscheidungsbegründung, Behrends/Diesselhorst/Dreier (Hrsg.), Rechtsdogmatik und praktische Vernunft, 1990, S. 69 - 94.

– "Neues aus der Müller - Schule". ARSP 77 (1991), S. 547 - 553.

Koch, H. J. /H. Rüßmann: Juristische Begründungslehre, 1982.

Kohlberg, Lawrence: Die Psychologie der Moralentwicklung, hrsg. von W. Althof, 1996.

Koller, Peter: Theorie des Rechts, 2. Aufl. 1997.

Kopperschmidt, Josef: Allgemeine Rhetorik, 1973, 2. Aufl. 1976.

– Überzeugen. Problemskizzen zu den Gesprächschancen zwischen Rhetorik und Argumentationstheorie, M. Schecker

(Hrsg.),Theorie der Argumentation,1977,S. 203 -240.

- Das Prinzip vernünftiger Rede,1978.

- Topik und Kritik, in: Breuer/Schanze (Hrsg.), Topik: Beitrage Zur Interdisplinaren Diskussion,1981,S. 171 -187.

- Argumentationstheorie,Hamburg 2000;

Kramer,Ernst A.:Juristische Methodenlehre,1998.

Krawietz, Werner: Juristische Entscheidung und wissenschaftliche Erkenntnis,1978.

- Juristische Argumentation und Argumentationstheorien auf dem Prüfstand, Krawietz/Alexy (Hrsg.), Metatheorie juristischer Argumentation,1983,S. 3 -8.

- Juristische Argumentation in rechtstheoretischer,rechtsphilosophische rund rechtssoziologischer Perspektive,Achter-berg/ Krawietz/Wyduckel (Hrsg.), Recht und Staat im sozialen Wandel, (Scupin - Festschrift),1983 a,S. 347 -390.

- Juridisch - institutionelle Rationalität des Rechts versus Rationalität der Wissenschaften?,Rechtstheorie 15 (1984),S. 423 - 452.

Kriele, Martin: Offene und verdeckte Urteilsgründe. Zum Verhältnis von Philosophie und Jurisprudenz heute, Collegium Philosophicum. Studien Joachim Ritter zum 60. Geburtstag, 1965, S. 99 -117.

- Theorie der Rechtsgewinnung,2. Aufl. 1976.

- Recht und praktische Vernunft,1979.

Kudlich,Hans:Grundrechtsorientierte Auslegung im Strafrecht, JZ 2003,S. 127 ff.

Kudlich/Christensen: Zum Relevanzhorizont strafgerichtlicher Entscheidungsbegründungen,GA 2002,S. 337 ff.

Kudlich/Christensen: Wortlautgrenze: spekulativ oder pragmatisch? ARSP 93 (2007), S. 128 – 142.

Kudlich/Christensen: Die Methodik des BGH in Strafsachen – eine medienwissenschaftliche Inhaltsanalyse von Entscheidungsgründen in Strafsachen samt rechtstheoretischen Anschlussfragen, 2009.

Kübler, Friedrich: Juristisches Vorverständnis zwischen Ideologiever-dacht und universaler Diskursverflechtung, Liber Amicorum Josef Esser zum 85. Geburtstag, 1995, S. 91 – 108.

Küsters, Gerd – Walter: Rechtskritik ohne Recht. Zu Habermas' "Theorie des kommunikativen Handelns", Rechtstheorie 14 (1983), S. 95 – 114.

Kuhlen, Lothar: Regel und Fall in der juristischen Methodenlehre, Herberger/Neumann/Rüßmann (Hrsg.), Generalisierung und Indvidualisierung im Rechtsdenken, ARSP – Beiheft 45 (1992), S. 101.

Kunz/Mona: Rechtsphilosophie, Rechtstheorie, Rechtssoziologie, 2006.

Ladeur, Karl – Heinz, Kritik der Abwägung in der Grundrechtsdogmatik, 2004.

Langenbucher, Katja: Die Entwicklung und Auslegung von Richterrecht. Eine methodologische Untersuchung zur richterlichen Rechtsfortbildung im deutschen Zivilrecht, 1996.

Larenz, Karl: Methodenlehre der Rechtswissenschaft, 5. Aufl. 1983;

La Torre, Massimo: Theories of Legal Argumentation and Concepts of Law. An Approximation, Ratio Iuris 15 (2002), S. 377 ff.

Lazari – Pawlowska, Ija: Über die Arten des ethischen

Argumentierens, ARSP 55 (1969), S. 521 – 539.

Lege, Joachim: Pragmatismus und Jurisprudenz, 1999.

Lenk, Hans: Philosophische Logikbegründung und rationaler Kritizismus, ders., Metalogik und Sprachanalyse, 1973, S. 88 – 109.

Lerch, Kent D.: Lesarten des Rechts. Sprache und Medien der Jurisprudenz, 2008.

Lerch, Kent D. (Hrsg.), Die Sprache des Rechts, Band 1 (2004), Band 2 (2005), Band 3 (2005).

Lieber, Tobias, Diskursive Vernunft und formelle Gleichheit. Zu Demokratie, Gewaltenteilung und Rechtsanwendung in der Rechtstheorie von Jürgen Habermas, 2007.

Looschelders/Roth: Juristische Methodik im Prozeß der Rechtsanwendung, 1996.

Lorenz, Kuno: Elemente der Sprachkritik, 1970.

– Die Überzeugungskraft von Argumenten, ARSP – Beiheft n. F. Nr. 9 (1977), S. 15 – 22.

Lübbe, Weyma: Legitimität kraft Legalität. Sinnverstehen und Institutionenanalyse bei Max Weber und seinen Kritikern, 1991.

Lübbe – Wolff, Gertrude: Rechtsfolgen und Realfolgen, 1981.

Lücke, Jörg: Begründungszwang und Verfassung, 1987.

Lüderssen, Klaus: Erfahrung als Rechtsquelle. Abduktion und Falsifikation von Hypothesen im juristischen Entscheidungsprozeß, 1972.

– Juristische Topik und konsensorientierte Rechtsgeltung, Coing – Festschrift, 1982, S. 549 – 564.

Lueken, Geert – Lueke: Inkommensurabilität als Problem rationalen Argumentierens, 1992;

Lueken, Geert – Lueke (Hrsg.): Formen der Argumentation, 2000.

Luhmann, Niklas: Rechtssystem und Rechtsdogmatik, 1974.

– Das Recht der Gesellschaft, 1993.

– Argumentation. Eine Analyse ihrer Form, G. Teubner (Hrsg.), Entscheidungsfolgen als Rechtsgründe, 1995, S. 19 ff.

Luig, Macht und Ohnmacht der Methode, NJW 1997, 2536.

Lumer, Christoph: Praktische Argumentationstheorie, 1990.

– Argumentationstheorie und Logik, in: Lueken (Hrsg.), Formen der Argumentation, 2000, S. 53 ff.

MacCormick, Neil: Legal Reasoning and Legal Theory, 1978.

– Wie ernst soll man Rechte nehmen?, Rechtstheorie 11 (1980), S. 1 – 7.

– The Artifical Reason and Judgement of Law, Rechtstheorie, Beiheft 2 (1981), S. 105 – 120.

– Legal Reasoning and practical Reason, Midwest Studies in Philosophy VII, 1982, S. 271 – 286.

– Coherence in Legal Justification, in: Weinberger – Festschrift, 1984, S. 37 – 53.

– Interpreting Statutes, 1991.

– Argumentation and Interpretation in Law, Ratio Juris 6 (1993), S. 16 – 29.

Mans, Dieter: Einige Anmerkungen zur Theorie der Argumentation, Protosoziologie 4 (1993), S. 111 – 127.

– Argumentation im Kontext, Protosoziologie 6 (1994), S. 160 – 183.

Mastronardi, Philippe: Juristisches Denken, 2. Aufl. 2003.

Mittelstraß, Jürgen: Forschung, Begründung, Rekonstruktion.

Wege aus dem Begründungsstreit, H. Schnädelbach (Hrsg.), Rationalität, 1984, S. 117 - 140.

Möllers, Thomas M. J.: Bausteine einer europäischen Gesetzgebungs - und Methodenlehre, 1999.

Moffat, Robert C. L.: Judicial Decision as Paradigm: Case Studies of Morality and Law in Interaction, University of Florida Law Review 37(1985), S. 297 - 341.

Moral Soriano, Leonor: The Use of Precedents as Arguments of Authority, Arguments of Reason in Civil Law, Ratio Iuris 11(1998), S. 89 - 102.

Morris, Charles: Foundation of the Theory of Signs, 1938/1970.

- Zeichen, Sprache und Verhalten, 1973.

Müller, Friedrich: Recht, Sprache, Gewalt, 1975, 2. Aufl. 2008.

- Untersuchungen zur Rechtslinguistik, 1989.

Müller/Christensen: Juristische Methodik Band I, 8. Aufl. 2002.

Müller/Wimmer (Hrsg.): Neue Studien zur Rechtslinguistik, Berlin 2001.

Muscheler, Karlheinz: Entstehungsgeschichte und Auslegung von Gesetzen in der Rechtsprechung des Bundesgerichtshofs, Hollerbach - Festschrift 2001, S. 99 ff.

Naess, Arne: Kommunikation und Argumentation. Eine Einführung in die angewandte Semantik, 1975;

Naucke, Wolfgang: Konsens als Quelle richtigen Rechts; richtiges Recht als Grenze des Konsenses, H. Hattenhauer/W. Kaltefleiter (Hrsg.), Mehrheitsprinzip, Konsens und Verfassung, 1986, S. 47 - 60.

Neumann, Ulfrid: Rechtsontologie und juristische Argumentation, 1979.

– Zur Problematik der Rekonstruktion von juristischen Argumentationen im Prädikatenkalkül, Loccumer Protokolle 31 (1980), S. 128 – 142.

– Neuere Schriften zu Rechtsphilosophie und Rechtstheorie, Philosophische Rundschau 28 (1981), S. 189 – 216.

– Positivistische Rechtsquellenlehre und naturrechtliche Methode. Zum Alltagsnaturrecht in der juristischen Argumentation, R. Dreier (Hrsg.), Rechtspositivismus und Wertbezug des Rechts, ARSP – Beiheft 37 (1990), S. 141 – 151.

– Rechtstheorie und allgemeine Wissenschaftstheorie, Vestigia Iuris. Festschrift für Günther Jahr zum 70. Geburtstag, 1993, S. 157 – 168.

– Zur Interpretation des forensischen Diskurses in der Rechtsphilosophie von Jürgen Habermas, Rechtstheorie 28 (1996), S. 1 – 12.

– Juristische Methodenlehre und Theorie der juristischen Argumentation, Rechtstheorie 32 (2001), 239 ff.

– Wahrheit im Recht, 2004;

– Theorie der juristischen Argumentation, Kaufmann/Hassemer/Neumann (Hrsg.), Einführung in Rechtsphilosophie und Rechtstheorie der Gegenwart, 7. Aufl. 2004, 333 ff.

– Juristische Logik, Kaufmann/Hassemer/Neumann (Hrsg.), Einführung in Rechtsphilosophie und Rechtstheorie der Gegenwart, 7. Aufl. 2004, 298 ff.

– Wahrheit statt Autorität. Möglichkeiten und Grenzen einer Legitimation durch Begründung im Recht, Lerch, Kent D. (Hrsg.), Recht verhandeln. Argumentieren, Begründen und Entscheiden im

Diskurs des Rechts, Band 2, Berlin/New York 2005, S. 369 ff.

– Theorie der juristischen Argumentation, W. Brugger/U. Neumann/St. Kirste (Hrsg.), Rechtsphilosophie im 21. Jahrhundert, 2008, S. 233 – 260;

Neuner, Jörg: Die Rechtsfindung contra legem, 2. Aufl. 2005.

Newell, S. E./R. Rieke: A practical reasoning approach to legal doctrine, Journal of the American Forensic Association 22 (1986), S. 212 – 222.

Nida – Rümelin, Julian: Die Vielfalt guter Gründe und die Theorie praktischer Rationalität, Protosoziologie 6 (1994), S. 95 – 103.

Niiniluoto, Ilkka: On the Truth of Norm Propositions, Rechtstheorie, Beiheft 3 (1981), S. 171 – 180.

– On Truth and Argumentation in Legal Dogmatics, Rechtstheorie, Beiheft 2 (1981), S. 53 – 56.

Nussbaumer, M.: Argumentation und Argumentationstheorie, 1995.

– Sprache und Recht, 1997.

Oberkofler, Anja: Richterliche Tätigkeit im US – amerikanischen Rechtssystem aus dem Blickwinkel der Critical Legal Studies, ARSP 92 (2006), 209 – 222.

Ogorek, Regina: Recht, Moral, Politik: zum Richterbild in der Mediengesellschaft, KritV 1997, S. 5 – 18.

– "Rassenschande" und juristische Methode. Die argumentative Grammatik des Reichsgerichts bei der Anwendung des Blutschutzgesetzes von 1935 (2003), dies., Aufklärung über Justiz Bd. 1, Frankfurt/Main 2008, 287 ff.

Osterkamp, Thomas: Juristische Gerechtigkeit, 2005.

Otte, Gerhard: Zwanzig Jahre Topik – Diskussion: Ertrag und Aufgaben, Rechtstheorie 1 (1970), S. 183 – 197.

Pack, Heinz , Methodik der Rechtsfindung im staatlichen und kanonischen Recht, 2004.

Paroussis, Michel: Theorie des juristischen Diskurses, 1995

Patterson, Dennis: Recht und Wahrheit, 1999;

Paulson, Stanley L.: Der Normativismus Hans Kelsens, JZ 2006, S. 529 ff.

Pavcnik, Marijan: Argumentierte Rechtsentscheidung statt Ideologie der "Rechtsanwendung", ARSP 74 (1988), S. 154 – 167.

– Auslegung als (Re) konstruktion des dem Gesetze innewohnenden "Gedankens". Die Frage der Auslegung der allgemeinen Rechtsakte im Prozeß ihrer normativen Konkretisierung, Rechtstheorie 21 (1990), S. 511 – 526.

– Juristisches Verstehen und Entscheiden. Vom Lebenssachverhalt zur Rechtsentscheidung. Ein Beitrag zur Argumentation im Recht, 1993;

Pavlakos, Georgios: The Special Case Thesis. An Assessment of R. Alexys Discursive Theory of Law, Ratio Juris 11 (1998), S. 126 – 154.

Pawlik, Michael: Ronal Dworkin und der Rechtsbegriff, Rechtstheorie 23 (1992), S. 289.

Peczenik, Aleksander: Rezension von: Aarnio, Legal Point of View. Six Essays on Legal Philosophy, Rechtstheorie 9 (1978), S. 241 – 244.

– Grundlagen der juristischen Argumentation, 1983a.

– The Basis of Legal Justification, 1983b.

– Creativity and Transformation in Legal Reasoning,

Weinberger – Festschrift, 1984, S. 277 – 298.

– Die Rationalität der juristischen Argumentation: Dialog, Logik und Wahrheit, N. Achterberg (Hrsg.), Rechtsprechungslehre, 1986, S. 293 – 303.

– On Law and Reason, 1989.

– Law, Morality, Coherence and Truth, Ratio Iuris 7 (1994), S. 146 – 176.

Peczenik, Aleksander/Jyrki Uusitalo (Hrsg.): Reasoning on Legal Reasoning, 1979.

Perelman, Chaim: The Idea of Justice and the Problem of Argument, 1963.

– Betrachtungen über die praktische Vernunft, Zeitschrift für philosophische Forschung 20 (1966), S. 210 – 221.

– Fünf Vorlesungen über die Gerechtigkeit, ders., Über die Gerechtigkeit, 1967, S. 85 – 163.

– Le raisonnement juridique, Die juristischen Argumentation, ARSP – Beiheft n. F. 7 (1972), S. 1 – 15.

– Juristische Logik als Argumentationslehre, 1979.

– Das Reich der Rhetorik. Rhetorik und Argumentation, 1980.

– Justice, Law and Argument, 1980a.

– Recht und Rhetorik, Ballweg/Seibert (Hrsg.), Rhetorische Rechtstheorie, 1982, S. 237 – 246.

Perelman, Chaim/Lucie Olbrechts – Tyteca: La nouvelle rhéorique. Traité de l'argumentation, 1958, 3. Aufl. 1976.

Peschka, Vilmos: Some Elements of the Social Dimensions of Legal Argumentation, Rechtstheorie, Beiheft 2 (1981), S. 223 – 228.

Philippi, Klaus – Jürgen: Tatsachenfeststellungen des

Bundesverfassungsgerichts, 1971.

Philipps, Lothar: rechtliche Regelung und formale Logik, ARSP 50 (1964), S. 317 – 329.

– Das dialogische Tableau als Werkzeug des Rechts, Jahrbuch für Rechtssoziologie und Rechtstheorie 2 (1972), S. 23 – 229.

– Analogie und Computer, in: Alexy/Dreier/Neuman (Hrsg.), Rechts – und Sozialphilosophie Deutschland Heute, 1991, S. 275 – 286.

– Eine Theorie der unscharfen Subsumtion. Die Subsumtionsschwelle im Lichte der Fuzzy Logic, ARSP 81 (1995), S. 405 – 417.

– Approximatives Schließen – Zur Logik des Alltags, Informatik in Recht und Verwaltung, 1996, S. 126 – 135.

– Kompensatorische Verknüpfungen in der Rechtsanwendung – ein Fall für Fuzzy Logic, Vestigia iuris. Festschrift für Günther Jahr zum 70. Geburtstag, 1993, S. 169 – 180.

Podlech, Adalbert: Gehalt und Funktion des allgemeinen verfassungsrechtlichen Gleichheitssatzes, 1971.

Popper, Karl: Logik der Forschung, 11. Aufl. 2005.

Potacs, Michael: Rechtsdogmatik als empirische Wissenschaft, Rechtstheorie 25 (1994), S. 191ff.;

– Kritischer Rationalismus und Rechtswissenschaft, R. Neck/K. Salamun (Hrsg.), Karl R. Popper – Plädoyer für kritisch – rationale Wissenschaft, 2004, S. 10 ff.

Puppe, Ingeborg: Die logische Tragweite des sog. Umkehrschlusses (1987), dies., Strafrechtsdogmatische Analysen, 2006, S. 309 – 354;

– Kleine Schule des juristischen Denkens, 2008.

Prakken, Hendrik: Logical Tools for Modelling Legal Argument, Diss. Amsterdam 1993.

Raisch, Peter: Vom Nutzen der überkommenen Auslegungskanones für die praktische Rechtsanwendung, 1988.

– Juristische Methoden. Vom antiken Rom bis zur Gegenwart, 1995.

Ratschow, Eckart: Rechtswissenschaft und Formale Logik, 1998

Raz, Joseph: Practical Reason and Norms, 3. Aufl. 1999.

Reinhardt, Michael: Konsistente Jurisdiktion, 1997.

Rethorn, Dietrich: Kodifikationsgerechte Rechtsprechung. Eine Untersuchung zur Bildung und zur Funktion von Leitsätzen, 1979.

Rieke, R. D. /R. Stutman: Communication in Legal Advocacy, 1990.

Robbers, Gerhard: Gerechtigkeit als Rechtsbegriff, 1980.

Rodingen, Hubert: Ansätze zu einer sprachkritischen Rechtstheorie, in: ARSP 58 (1972), S. 161 – 183.

– Pragmatik der juristischen Argumentation, 1977.

– Rechtstheorie als Kritik des juristischen Sprachgebrauchs, ARSP – Beiheft n. F. Nr. 9 (1977 a), S. 57 – 61.

– Juristische Argumentationstheorie. Bericht über das gleichnamige Rundgespräch vom 3. – 5. 11. 1977 in München, Rechtstheorie 9 (1978), S. 236 – 240.

Rodingen, Hubert/Christine Falke: Das Rechtsverfahren: Dressur oder Diskurs?, DSWR 1976, S. 34 – 42.

Rödig, Jürgen: Kritik des normlogischen Schließen, Theory and Deci – sion 2 (1971), S. 79 – 93.

– Rezension von Podlech, Gehalt und Funktion des allgemeinen verfassungsrechtlichen Gleichheitssatzes, 1971, Rechtstheorie 3 (1972), S. 246 - 253.

- Theorie des gerichtlichen Erkenntnisverfahrens, 1973.

- Logik und Rechtswissenschaft, D. Grimm (Hrsg.), Rechtswissenschaft und Nachbarwissenschaften Bd. 2, 1976, S. 53 - 79.

Röhl, Klaus, Allgemeine Rechtslehre, 1995, 3. Aufl. 2008.

- Fehler in Gerichtsentscheidungen, Beiheft zu "Die Verwaltung", 2002, S. 67 ff.

Rolinski, Klaus: Argumentationsfiguren, eine Einflußgröße des informellen Gesetzgebers?, Noll - Gedächtnisschrift, 1984, S. 101 - 114.

Rottleuthner, Hubert: Zur Soziologie richterlichen Handelns, KJ 1970, S. 283 - 306.

- Rechtswissenschaft als Sozialwissenschaft, 1973.

- Plädoyer für eine empirische Argumentationstheorie, ARSP - Beiheft n. F. Nr. 14 (1980), S. 87 - 118.

- Zur Methode einer folgenorientierten Rechtsanwendung, ARSP - Beiheft n. F. Nr. 13 (1980 a), S. 97 - 118.

Rüßmann, Helmut: Zur Abgrenzung von Rechts - und Tatfrage, H. J. Koch (Hrsg.), Juristische Methodenlehre und analytische Philosophie, 1976, S. 242 - 270.

- Möglichkeiten und Grenzen der Gesetzesbindung, in: Wieacker - Festschrift 1990, S. 35.

- Normative Begründungsmöglichkeiten jenseits der Gesetzesbindung, ARSP - Beiheft Nr. 56 (1994), S. 24ff.

- Nichtmontones Schließen im juristischen Denken, Informatik in Recht und Verwaltung, 1996, S. 136 ff.

Rüthers, Die unbegrenzte Auslegung, 6. Aufl. 2005.

– Anleitung zum fortgesetzten methodischen Blindflug?, NJW 1996, 1249 ff.

– Wer schafft Recht? – Methodenfragen als Macht – und Verfassungsfragen, JZ 2003, 995 ff.

– Geleugneter Rechtstaat und vernebelte Richtermacht, NJW 2005, S. 2759 ff.

– Methodenrealismus in Jurisprudenz und Justiz, JZ 2006, S. 53 – 60.

– Rechtstheorie, 3. Aufl. 2007.

– Fortgesetzter Blindflug oder Methodendämmerung der Justiz? Zur Auslegungspraxis der obersten Bundesgerichte, JZ 2008, S. 446 – 451.

Ruiter, Institutionelle Rechtstatsachen. Rechtliche Ermächtigungen und ihre Wirkungen, 1995. (engl. 1993)

Sambuc, Thomas: Folgenerwägungen im Richterrecht. Die Berücksichtigung von Entscheidungsfolgen bei der Rechtsgewinnung, erörtert am Beispiel des § 1 UWG, 1977.

Sartor, Giovanni: A formal Model of Legal Argumentation, Ratio luris 7(1994), S. 177 – 211.

– Defeasibility in Legal Reasoning, Rechtstheorie 24 (1993), S. 281 – 316.

Savigny, Eike von: Grundkurs im wissenschaftlichen Definieren, 5. Aufl. 1980.

– Die Überprüfbarkeit der Strafrechtssätze, 1967.

– Die Phausnahme und die Phregel oder Was die Logik im Recht nicht leisten will, Jahrbuch für Rechtssoziologie und Rechtstheorie, Bd. 2 (1972), S. 231 – 253.

– Topik und Axiomatik: eine verfehlte Alternative, ARSP 59

(1973),S. 231 - 253.

– Übereinstimmende Merkmale in der Struktur strafrechtsdogmatischer und empirischer Argumentation, Neumann/Rahlf/von Savigny, Juristische Dogmatik und Wissenschaftstheorie, 1976, S. 120 - 143.

– Die Rolle der Dogmatik - wissenschaftstheoretisch gesehen, Neumann/Rahlf/von Savigny, Juristische Dogmatik und Wissenschaftstheorie, 1976 a, S. 100 - 109.

– Argumentation in der Literaturwissenschaft, 1976 b.

Schefold, Christoph: Das verfehlte Begründungsdenken. Kritische und systematische Überlegungen zur Begründungskritik bei Hans Albert, Philosophisches Jahrbuch 82 (1975), S. 336 - 373.

– Normative Falsifikation als die neue, "naturrechtliche" Methode der Jurisprudenz?, Zeitgenössische Rechtskonzeptionen, ARSP - Supple - menta I,4 (1983), S. 81 - 142.

Scheibe, Erhard: Zur Rehabilitierung des Rekonstruktionismus, H. Schnädelbach (Hrsg.), Rationalität, 1984, S. 94 - 116.

Scheuerle, Wilhelm: Zum Wesen des Wesens. Studien über das sogenannte Wesensargument im juristischen Begründen, AcP 163 (1964), S. 429 - 471.

– Die Logik der Logik. Studien über logische Argumente und Methodenehrlichkeit im juristischen Begründen, ZZP 78 (1965), S. 32 - 76.

– Formalismusargumente. Studien über die juristischen Argumente: formal, formell, formalistisch, formallogisch, formaljuristisch, AcP 172 (1972), S. 396 - 451.

Schild, Wolfgang: Der Straftatbegriff als Argumenta-tionsschema, W. Hassemer/A. Kaufmann/U. Neumann (Hrsg.),

Argumentation und Recht, ARSP – Beiheft n. F. Nr. 14 (1980), S. 213 – 229.

Schlachter, Monika: Auslegungsmethoden im Arbeitsrecht. Am Beispiel von § 87 Abs. 1 BetrVG, 1988.

Schlieffen, Katharina Gräfin von, Rhetorik und rechtsmethodologische Aufklärung, Rechtstheorie 32 (2001), S. 175 – 196.

– Zur topisch – pathetischen Ordnung juristischen Denkens. Resultate empirischer Rhetorikforschung, Lerch (Hrsg), Die Sprache des Rechts, Bd. 2, 2005, S. 405;

– Zur Analytischen Rhetorik von Ottmar Ballweg, in: Ottmar Ballweg, Analytische Rhetorik. Rhetorik, Recht und Philosophie, hrsg. von Katharina Gräfin von Schlieffen, 2009, S. XIII – XXXVII.

Schlink, Bernhard: juristische Methodik zwischen Verfassungstheorie und Wissenschaftstheorie, Rechtstheorie 7 (1976), S. 94 ff.

– Abwägung im Verfassungsrecht, 1976.

– Bemerkungen zum Stand der Methodendiskussion in der Verfassungsrechtswissenschaft, Der Staat 19 (1980), S. 73 – 107.

Schmidt, Folke: Gebundene und offene Argumente in der Rechtswissenschaft, ders., Zur Methode der Rechtsfindung, 1976, S. 216 – 233.

Schmidt, Jürgen: Noch einmal: Wahrheitsbegriff und Rechtswissenschaft, JuS 1973, S. 204 – 207.

– "Begründung" – Einige Probleme eines rechtstheoretischen Problems, in: Recht und Gesellschaft. Festschrift für H. Schelsky zum 65. Geburtstag, 1978, S. 549 – 578.

– Noch einmal: Eine neue Begriffsjurisprudenz " zur

Einführung"? JuS 1979, S. 242 – 243.

Schmidt, Karsten: Zivilistische Rechtsfiguren zwischen Rechtsdogmatik und Rechtspolitik, ders. (Hrsg.), Rechtsdogmatik und Rechtspolitik, 1990, S. 11 – 32.

Schneider, Hans Julius: Pragmatik als Basis von Semantik und Syntax, 1975.

Schneider, Jochen: Theorie juristischen Entscheidens, A. Kaufmann/W. Hassemer/U. Neumann (Hrsg.), Einführung in Rechtsphilosophie und Rechtstheorie der Gegenwart, 7. Aufl. 2004, S. 348 – 384.

Schneider, Peter: Jurisprudenz, Utopie und Rhetorik, Alexy/Dreier/Neumann (Hrsg.), Rechts – und Sozialphilosophie in Deutschland heute, ARSP – Beiheft Nr. 44 (1991), S. 337 – 347.

Schnizer, Helmut: Die Entscheidungsbegründung im Kirchenrecht, Sprung/ König (Hrsg.), Entscheidungsbegründung, 1974, S. 27 – 42.

Schott, Clausdieter: "Rechtsgrundsätze" und Gesetzeskorrektur, 1975.

Schreckenberger, Waldemar: Rhetorische Semiotik, 1978.

– Notizen über die rhetorische Semiotik – unter besonderer Berücksichtung der Geltungsproblematik in der Rechtstheorie, in Alexy/Dreier/Neumann (Hrsg.) Rechts – und Sozialphilosophie in Deutschland heute, ARSP – Beiheft Nr. 44 (1991), S. 348 – 360;

– Rhetoric and Law, ARSP 82 (1996). S. 453 – 459.

Schreiber, Hans – Ludwig: Die Bedeutung des Konsenses der Beteiligten imStrafprozeß, G. Jakobs (Hrsg.), Rechtsgeltung und Konsens, 1976 S. 71 – 85.

Schröder, Jan: Recht als Wissenschaft. Geschichte der

juristischen Methoden vom Humanismus bis zur Historischen Schule (1500 – 1850),2001 (Rez. Otte,JZ 2002,708).

Schröder,Jan:Zur gesamteuropäischen Tradition der juristischen Methodenlehre,Akademie – Journal 2/2002,S. 37ff.

Schroth,Ulrich:Eine Methode der formalen Rekonstruktion von Gerichtsurteilen, W. Hassemer/A. Kaufmann/U. Neumann (Hrsg.),Argumentation und Recht,ARSP – Beiheft n. F. Nr. 14 (1980),S. 119 – 126.

– Theorie und Praxis subjektiver Auslegung im Strafrecht, 1983.

– Hermeneutik, Norminterpretation und richterliche Normanwendung, A. Kaufmann/W. Hassemer/U. Neumann (Hrsg.), Einführung in Rechtsphilosophie und Rechtstheorie der Gegenwart, 7. Aufl. 2004,S. 270 – 296.

Schünemann, Bernd: Die Gesetzesinterpretation im Schnittfeld von Sprachphilosophie, Staatsverfassung und juristischer Methodenlehre,Klug – Festschrift,1983,S. 169 – 186.

Schulz, Lorenz: Das rechtliche Moment in der pragmatischen Philosophie von Charles Sanders Peirce,1988.

– Verdacht und Abduktion; Ein Beitrag zur Definition eines strafprozessualen Grundbegriffs,ARSP – Beiheft Nr. 53 (1994),S. 193 ff.

Schwerdtner, Peter: Rechtswissenschaft und kritischer Rationalismus,Rechtstheorie 2 (1971),S. 67 – 94,S. 224 – 244.

Schwintowski,Hans – Peter:Juristische Methodenlehre,2005.

Seelmann,Kurt:Rechtsphilosophie,5. Aufl. 2010.

– Rezension zu Haft, Juristische Rhetorik, NJW 1979, S. 1200.

Seibert, Thomas – Michael: Von Sprachgegenständen zur Sprache von juristischen Gegenständen, ARSP 58 (1972), S. 43 – 52.

– Zur Fachsprache in der Juristenausbildung, 1977.

– Kritik des Larenzschen Sprachgebrauchs, ARSP – Beiheft n. F. Nr. 9(1977 a), S. 69 – 78.

– Argumentationsbeispiele aus dem Rechtsbereich, Schecker (Hrsg.), Theorie der Argumentation, 1977 b, S. 313 – 353.

– Zur Theorie juristischer Argumentation, ARSP 64 (1978), S. 269 – 274.

– Zur Entwicklung semiotischer Fragestellungen in der rechtswissenschaftlichen Grundlagenforschung, Zeitschrift für Semiotik, 1 (1979), S. 277 – 288.

– Zur Einführung: "Kode", "Institution", und das Paradigma des Rechts, Zeitschrift für Semiotik, 2 (1980a), S. 183 – 195.

– Aktenanalysen. Zur Schriftform juristischer Deutungen, 1981.

– Fall, Regel und Topos, Ballweg/Seibert (Hrsg.), Rhetorische Rechtstheorie, 1982, S. 321 – 335.

– Vom Nutzen und Nachteil des forensischen Modells für die Philosophie des Diskurses, Schanze/Kopperschmidt (Hrsg.), Rhetorik und Philosophie, 1989a, S. 249 – 273.

– Schriftform und Mündlichkeitsprinzip im Rechtsdiskurs, L. Hoffmann (Hrsg.), Rechtsdiskurse. Untersuchungen zur Kommunikation im Gerichtsverfahren, 1989b, S. 217 – 250.

– Zeichen und Gesetzesbindung, Rechtstheorie 22 (1991), S. 472 – 488.

– Zeichen, Prozesse. Grenzgänge zur Semiotik des Rechts,

1996.

– Gerichtsrede. Wirklichkeit und Möglichkeit im forensischen Diskurs,2004;

Seiler,Christian,Auslegung als Normkonkretisierung,2000.

Seiler, Wolfgang: Höchstrichterliche Entscheidungsbegründungen und Methode im Zivilrecht,1992.

Sieckmann, Jan – Reinard: Rechtssystem und praktische Vernunft. Zur Struktur einer normativen Theorie des Rechts, ARSP 78 (1992),S. 145–165.

Sieckmann,Jan (Hrsg.):Verfassung und Argumentation,2005.

Skouris,Panagiotis:Die Begründung von Rechtsnormen,2002.

Simitis, Spiros: Die Bedeutung von System und Dogmatik – dargestellt an rechtsgeschäftlichen Problemen des Massenverkehrs, AcP 172 (1972),S. 131–154.

Simon, Dieter: Die Unabhängigkeit des Richters, Darmstadt 1975.

Simon,Eric:Gesetzesauslegung im Strafrecht. Eine Analyse der höchstrichterlichen Rechtsprechung,2005.

Singer, Marcus George: Verallgemeinerung in der Ethik. Zur Logik moralischen Argumentierens,1975.

Sobota,Katharina:Sachlichkeit,Rhetorische Kunst der Juristen, 1990.

– Rhetorisches Seismogramm – eine neue Methode in der Rechtswissenschaft,JZ 1992,S. 231–237.

– Argumente und stilistische Überzeugungsmittel in Entscheidungen des Bundesverfassungsgerichts, in: Rhetorik. Ein internationales Jahrbuch,Bd. 15 (1996),S. 115ff.

Soeffner, Hans – Georg: Ursachen von Kommunikationsstörungen vor Gericht, Wassermann/Petersen (Hrsg.), Recht und Sprache, 1983, S. 73 - 97.

Solbach, Markus: Politischer Druck und richterliche Argumentation - eine rechtstheoretische Analyse von Entscheidungen des Bundesverfassungsgerichts, Diss. Hagen 2001.

Somek, Alexander: Rechtliches Wissen, 2006.

- Rechtssystem und Republik. Über die politische Funktion des systematischen Rechtsdenkens, 1992.

- Haben Sie heute schon dekonstruiert? Zur Bedeutung der Dekonstruktion in der neueren amerikanischen Rechtstheorie, Rechtstheorie 27 (1995), S. 201 - 222.

- Unbestimmtheit: Habermas und die Critical Legal Studies, Deutsche Zeitschrift für Philosophie 41 (1993), S. 62 - 76.

Stamatis, Constantin M.: La concrétisation pragmatique des normes juridiques, Revue interdisciplinaire d'Etudes Juridiques, 1993, S. 1 - 23.

- Justice without Law: A postmodernist Paradox, Law and Critique 1994, S. 265 - 284.

- Argumentes en droit. Une théorie critique de l'argumentation juridique, 1995.

Stelmach, Jerzy: Die hermeneutische Auffassung der Rechtsphilosophie, 1991.

- Zum Begriff Rechtsbegründung, in: Rechtstheorie 25 (1994), S. 537 - 545.

Stelmach/Brozek: Methods of Legal Reasoning, 2006;

Stelmach/Brozek/Zaluski (Hrsg.): Studies in the Philosophy of Law. Frontiers of the Economic Analysis of Law, 2007.

Stoeckli, Walter A.: Topic and Argumentation, ARSP 54

(1968) S. 581 -591.

Stoljar, Samuel: Moral and Legal Reasoning, 1980.

– Paradigms and Borderlines, in: Rechtstheorie 13 (1982), S. 133 -149.

Strömholm, Stig: Zur Frage nach der juristischen Argumentationstechnik, ARSP 58 (1972), S. 337 -362.

– Allgemeine Rechtslehre, 1976.

– Analyse und Prognose. Zwei Typen der richterlichen Entscheidungsbildung, in: Recht und Gesellschaft. Festschrift für H. Schelsky zum 65. Geburtstag, 1978, S. 681 -695.

– Kurze Geschichte der abendländischen Rechtsphilosophie, 1991.

Struck, Gerhard: Zur Theorie juristischer Argumentation, 1977.

– Rhetorik und Prozeßrechtstheorie, Ballweg/Seibert (Hrsg.), Rhetorische Rechtstheorie, 1982, S. 367 -384.

Studer, Herlinde: Ansätze der Begründung moralischer Normen: Habermas, Hare und Rawls, Weinberger – Festschrift, 1984, S. 323 - 345.

Summer, R. S.: Essays on the Nature of Law and Legal Reasoning, 1992.

Tammelo, Ilmar: Outlines of Modern Legal Logic, 1969.

– Theorie der Gerechtigkeit, 1977.

Tarello, Giovanni: Sur la spécificité du raisonnement juridique, Die juristische Argumentation, ARSP – Beiheft n. F. Nr. 7 (1972), S. 103 -124.

Teichmann, Arndt: Die "Gesetzesumgehung" im Spiegel der Rechtsprechung, JZ 2003, 761 -768.

Teubner, Gunther (Hrsg.): Entscheidungsfolgen als

Rechtsgründe, 1995.

Theobald, David W. : Grundzüge der Wissenschaftsphilosophie, 1973.

Thienel, Rudolf: Kritischer Rationalismus und Jurisprudenz, 1991.

Tietz, Udo: Sprache und Verstehen in analytischer mid hermeneutischer Sicht, 1995.

Toulmin, Stephen: The Uses of Argument, 1958 (deutsch: Der Gebrauch von Argumenten, 2. Aufl. 1996).

Toulmin, St./R. Rieke/A. Janik: An Introduction to Reasoning, 1979.

Tschentscher, Axel: Grundprinzipien des Rechts: Einführung in die Rechtswissenschaft mit Beispielen aus dem schweizerischen Recht, 2003.

– Prozedurale Theorien der Gerechtigkeit. Rationales Entscheiden, Diskursethik und prozedurales Recht, 2000.

Tugendhat, Ernst: Zur Entwicklung von moralischen Begründungsstrukturen im modernen Recht, ARSP – Beiheft n. F. Nr. 14, 1980, S. 1 – 20.

Tuori, K. : Legitimität des modernen Rechts, Rechtstheorie 20 (1989), S. 238 ff.

Uusitalo, Jyrki. : On the Scientific Image of Legal Argumentation, Rechtstheorie Beiheft 2 (1981) S. 137 – 145.

Viehweg, Theodor: Notizen zu einer rhetorischen Argumentationstheorie der Rechtsdisziplin, Jahrbuch für Rechtssoziologie und Rechtstheorie, Bd. 2 (1972), S. 439 – 446 (Wiederabdruck ders., Rechtsphilosophie und Rhetorische Rechtstheorie, Baden – Baden 1995, S. 191 ff).

– Historische Perspektiven der juristischen Argumentation: II. Neuzeit, in: Die juristische Argumentation, ARSP – Beiheft n. F. Nr. 7, 1972 a, S. 63 – 75.

– Topik und Jurisprudenz, 5. Aufl. 1974.

– Schritte zu einer rhetorischen Rechtstheorie, Würtenberger – Festschrift, 1977, S. 3 – 8 (Wiederabdruck ders., Rechtsphilosophie und Rhetorische Rechtstheorie, Baden – Baden 1995, S. 200 ff.).

– Rhetorik, Sprachpragmatik, Rechtstheorie, Kaulbach/Krawietz (Hrsg.), Recht und Gesellschaft, Festschrift für H. Schelsky zum 65. Geburtstag, 1978, S. 717 – 720 (Wiederabdruck ders., Rechtsphilosophie und Rhetorische Rechtstheorie, Baden – Baden 1995, S. 206 ff).

– Antirhetorische und rhetorische Kontrolle rechtlicher Argumentationen, Estudios de Filosofía dcl Derecho y Ciencia Juridica – en Memoria y Homenaje al Catedratico Don Luiz Legaz y Lacambra, Tomo II, Madrid 1985, S. 847 – 851 (Wiederabdruck ders., Rechtsphilosophie und Rhetorische Rechtstheorie, 1995, S. 218 ff.

Villey, Michel: Le raisonnement juridique dans l' histoire: I. Droit romain et moyen – âge, in: Die juristische Argumentation, ARSP – Beiheft n. F. Nr. 7 (1972), S. 43 – 61.

– De la dialectique comme art de la dialogue et sur ses relations au droit, Archives de Philosophie de Droit 27 (1982), S. 263 – 272.

Visser' t Hooft, H. Ph: On Legal Reasoning and the Concept of Practical Reason, Rechtstheorie 13 (1982), S. 269 – 284.

Völzing, Paul – Ludwig: Begründen, Erklären, Argumentieren. Modelle und Materialien zu einer Theorie der Metakommunikation,

1979.

– Zur Funktion und Struktur von Argumentationen, ARSP 65 (1979 a), S. 229 – 254.

Vogel, Joachim: Juristisches Methodik, 1998.

Vogenauer, Stefan: Die Auslegung von Gesetzen in England und dem Kontinent. Eine vergleichende Untersuchung der Rechtsprechung und ihrer historischen Grundlagen. 2 Bände 2001.

von der Pfordten, Dietmar: Deskription, Evaluation, Präskription. Trialismus und Trifunktionalismus als sprachliche Grundlagen von Ethik und Recht, 1993.

Wälde, Thomas: Juristische Folgenorientierung, 1979.

Wang, Peng – Hsiang, Defeasibility in der juristischen Begründung, 2004.

– Kohärenz und Revision. Ein Vorschlag zur Lösung der Günther – Alexy – Kontroverse, Kreuzbauer, G. / Augenender, S. (Hrsg.), Der Juristische Streit. Recht zwischen Rhetorik, Argumentation und Dogmatik, ARSP – Beiheft Nr. 99 (2004), S. 75 – 85.

Weimar, Robert: Rechtserkenntnis und erkenntniskritische Rechtswissenschaft, in: Theorie der Normen, Festgabe für Ota Weinberger zum 65. Geburtstag, 1984, S. 69 – 102.

– Zur Theoriebildung in der Rechtswissenschaft, Gedächtnisschrift für Ilmar Tammelo, 1984 a, S. 705 – 722.

Weinberger, Ota: Jurisprudenz zwischen Logik und Plausibilitätsargumen – tation, Juristische Analysen 3 (1971), S. 553 – 574.

– Topik und Plausibilitätsargumentation, ARSP 59 (1973), S. 17 – 36.

– Ex falso quodlibet in der deskriptiven und in der präskriptiven Sprache, Rechtstheorie 6 (1975), S. 17 – 32.

– Logische Analyse als Basis der juristischen Argumentation, W. Kra – wietz/R. Alexy (Hrsg.), Metatheorie juristischer Argumentation, 1983, S. 159 – 232.

– Typen der Rationalität in der juristischen Argumentation, Internationales Jahrbuch für Rechtsphilosophie und Gesetzgebung, 1992, S. 365 – 377.

– Der Streit um die praktische Vernunft, R. Alexy/R. Dreier (Hrsg.), Rechtssystem und praktische Vernunft, ARSP – Beiheft Nr. 51 (1993). S. 30 – 46.

– Zur Theorie der politischen Argumentation, Rechtstheorie 27 (1995a), S. 163 – 182.

– Überzeugen als Aufgabe, ARSP 81 (1995b), S. 305 – 320.

– Demokratie als offene Gesellschaft, ARSP 82 (1996), S. 569 – 570.

Welding, Steen O.: Fundamenta Ethica. Die Begründung-sstruktur von Moralität, 1994.

Westermann, Christoph: Argumentationen und Begründungen in der Ethik und Rechtslehre, 1977.

Wieacker, Franz: Vom Nutzen und Nachteil des Szientismus in der Rechtswissenschaft, Festschrift für H. Schelsky zum 65. Geburtstag, 1978, S. 745 – 764.

Wild, A. H. de, Some Remarks on Argumentation and Legal Reasoning from the Persepctive of Science, Rechtstheorie Beiheft 2 (1981), S. 229 – 234.

Will, Frederick L.: Beyond Deduction. Ampliative Aspects of Philosophical Reflexion, 1988.

Wimmer, Rainer: Einige Thesen zur Unterscheidung von Semantik und Pragmatik. Akten des 11. Linguistischen Kolloquiums, 1976, Bd. 2, S. 165 - 174.

- Universalisierung in der Ethik. Analyse, Kritik und Rekonstruktion ethischer Rationalitätsansprüche, 1980.

Winter, Gerd: Tatsachenurteile im Prozeß richterlicher Rechtssetzung, Rechtstheorie 2 (1971), S. 171 - 192.

Wittmann, Roland: Induktive Logik und Jurisprudenz, Rechtstheorie 9 (1978), S. 43 - 61.

- Die reductio ad absurdum aus wissenschaftstheoretischer Sicht, in: Rechtstheorie 14 (1983), S. 336 - 348.

Wohlrapp, H. (Hrsg.): Wege der Argumentationsforschung, 1995.

Wolter, Thomas: Die juristische Subsumtion als institutioneller Zeichenprozeß. Eine interdisziplinäre Untersuchung der richterlichen Rechtsanwendung und der forensischen Kommunikation, 1994.

von Wright, G. H.: Erklären und Verstehen, 1974.

Wroblewski, Jerzy: Legal Syllogism and Rationality of Juridical Decision, Rechtstheorie 5 (1974), S. 33 - 46.

- Justification of Legal Decisions, Revue internationale de philosophie 127/128 (1979), S. 277 - 293; (wiederabgedruckt in: ders., Meaning and Truth in Judicial Decision, 2. Aufl., 1983, S. 49 ff.)

- Between Legalism and Finalism, in: Rechtstheorie 15 (1984), S. 109 - 113.

Wroblewski/MacCormick: On Justification and Interpretation, ASRP - Beiheft Nr. 53 (1994) S. 255 - 268.

Yoshino, Hajime: Zu Ansätzen der juristischen Logik, in:

Strukturierungen und Entscheidungen im Rechtsdenken, 1978, S. 277 –287.

– Die logische Struktur der Argumentation bei der juristischen Entscheidung, Rechtstheorie, Beiheft 2, 1981, S. 235 –255.

Zhang, Qingbo: Juristische Argumentation durch Folgenorientierung. Die Bedeutung der juristischen Argumentation für China, Baden – Baden 2010;

Ziembinski, Zygmunt: La place du raisonnement juridique par rapport au raisonnement théorique et practique, Die juristische Argumentation, ARSP – Beiheft n. F. Nr. 7, 1972, S. 125 – 143.

Zimmermann, Rita: Die Relevanz einer herrschenden Meinung für die Anwendung, Fortbildung und Erforschung des Rechts, 1983.

Zinke, Horst: Der Erkenntniswert politischer Argumente in der Anwendung und wissenschaftlichen Darstellung des Zivilrechts. Eine Untersuchung zur Bedeutung der "Kritischen Theorie" für die Jurisprudenz, 1982.

Zippelius, Reinhold: Die experimentierende Methode im Rechts, Alexy/Dreier/Neumann (Hrsg.), Rechts – und Sozialphilosophie in Deutschland heute, ARSP – Beiheft Nr. 44 (1991), S. 411 –426.

– Rechtsphilosophie, 5. Aufl. 2007.

– Recht und Gerechtigkeit in der offenen Gesellschaft, 1994a.

译后记

本书是我的老师诺伊曼教授在法哲学领域的力作。它的第一版(1986 年)已经翻译为希腊文、日文、韩文。书名为 Juristische Argumentations Lehre。Lehre 一词中文相关含义为“学说”、“理论”、“教义”、“信条”。由于本书更多地是在探讨有关的理论,并未直接提出某种规范性的论证理论,因而我将它译为“法律论证学”。书中最经常出现的有关“论证”的近义词有:argumentieren, argumentation, argument。它们之间有些细微差别:第一个词由德语动词直接变为名词。为了突出其动词的性质,一律译为“论辩”。第二个词是对于“论证”最常见的表达,译为“论证”,相当于英文中的 reasoning。如果说第二个词表达的“论证”是全面而完整地以论据支持论点,那么第三个词意味着在这一过程中所用到的某个细节观点展开的“论证”,以及所使用的方法。为了表达出差别,第三个词被根据脉络译为“论述”或“论据”。

2007 年在德国时,听说老师正在修改第一版,我即向他表达了翻译的愿望。诺伊曼当时还问我可否直接翻译第一版,因为他计划的修改可能要持续较长时间。我觉得中国读者可能更需要了解二十多年来法律论证理论的进一步发展,因此愿意等到第二版改好后再行翻译。2009 年 9 月北京召开“第 24 届国际法哲学与社会哲学大会”时,我读硕士时的老师郑永流教授曾设宴款待诺伊曼夫妇,我也有幸列席。当时郑老师还问起诺伊曼本书改订的情况。他幽默地说,他改得太慢了,甚至准备翻译的人已经完成了他的博士论文,还没有改好。直到又一年后,在我初到澳门时,老师才给我发来了本书的手稿。可以说,他对本书的修改倾注了很多心力。直到现在,本书的德文版尚未面世。因此,我只得直接依据手稿翻译,却也省去了中文版向德国出版社争取版权的麻烦,可见他汲汲于本书早日与中文读者见面。无奈我任教后不能全身心投入译事,只能断断续续工作,竟然持续了两年多时间,愧对他对我的关心和信赖。

他对我的关心始于近十年前。2003 年秋,郑老师曾帮我联系过到弗莱堡大学读书,因为在弗莱堡开始读博前必须先读那里的硕士,要上一些课程。听留德的前辈说这样不方便打工,家境贫寒的我退缩了。于是到了冬天,郑老师给我看了他写给诺伊曼的信,内容是请他指导我写作博士论文。诺伊曼痛快地答应了。但因为我的愚钝,能够成行已经是 2005 年的冬天。到德国后的第三天,诺伊曼即召我见面。在我懵懂地敲他办公室的门时,就听到了一声非常洪亮的应答。看到我推开门后,老师——如同他以后见到我时,就从座位站起来到门口和我握手,并招呼我坐下。这一次,他询问了我对论文的构思,给我写下了要阅读的书——阿列克西的《法律论证理论》,也给了我旁听什么课的建议,并让我申请艾伯特基金会的奖学金。我最终能拿到奖学金,得以无压力地读书,要归功于他的帮助。

从那以后,在整个读博期间,我每隔一个月左右去找老师请教一些读书和写作中的困惑。他每次都会给我一些提点,或者解答我的问题,或者给我开列一些参考文献。对我完成博士论文帮助很大的是，老师每年会组织博士生的研讨，让来自德国和外国（希腊、巴西、韩国、中国等国）的博士生们聚在一起，各自将自己论文的进展汇报一下；老师会给出他的建议，同学们之间也会有愉快的交流。我三度参加的这个每年一次的研讨，也督促着我不断思考和写作，得以完成学业。

最让我难以忘怀的是，老师对我一直以来的鼓励。面对图书馆中汗牛充栋的法律方法论和论证理论的文献，我虽不敢懈怠，但自觉修养有限，难以驾驭如此众多、有些更是令人费解的资料，因此，每次在研讨之前把一部分论文交给老师时，甚至在 2009 年 4 月完成了论文初稿请老师审阅时，心中不免忐忑不安。但是老师每每都表扬我的文字——尽管这些文字因为没有请人修改语法肯定让他花了更多的时间去读懂——并且鼓励我大胆地按照我的思路去写。我至今还清楚地记得，在 2008 年暑假，我曾请教他论文是否已经有了足够好的结论，并表达了自己的顾虑：第一，论文中涉及的评价标准还没有被界定地非常完善。第二，我阅读的文献恐怕还不够。老师对我说，评价标准的问题是不可能在一篇论文中解决的；论文中现有的解决思路已经称得上是一种思路了。就阅读的文献而言，现在这方面的文献已经让德国学者也有目不暇接之感了。他们也不可能阅读所有文献，而且我已经阅读了足够多的文献。老师的肯定让我有勇气完成论文。

在论文完成后，老师给予了很高的评价，并将论文推荐到阿列克西和德莱尔教授主编的 Studien zur Rechtsphilosophie und Rechtstheorie 文丛中出版。正是凭借着老师对我的鼓励，我今天才能拥有信心，克服各种困难，自由地构思和写作。现在初为人师的我，每念及此，也常常告诉自己，要积极地评价学生们的任何努力，给他们更多的鼓励，让他们有信心做得更好。

诺伊曼教授现任国际法哲学与社会哲学协会（IVR）主席，足见他在法哲学领域的造诣是国际公认的。虽然他谦称在担任了诺莫斯(NOMOS)刑法注释书(Kommentar)的主编后,自己与其说是法哲学家(Rechtsphilosoph),毋宁说是法教义学家(Rechtsdogmatiker)。郑老师和我之前译介过诺伊曼教授的一些论文。和它们一样,本书的写作风格也展现了诺伊曼非常宏观的视野和精妙的分析。我相信它称得上是一本法哲学的经典。我想:是上帝的恩典让我能够有幸师事这样一位老师。从他身上我获得了终身受用的财富,我也希望读者朋友能够从他的这本书上获益良多。

本书的翻译先后得到米健教授、郑永流教授、张彤教授的热情帮助,最终得以纳入享誉学界的"当代德国法学名著"译丛中面世。郑老师在百忙中还审校了译文,并在2014年春节花了整整一天时间,为我解答了翻译中的疑难问题。在此谨向三位老师表示感谢!李君韬学长为我解答了涉及卢曼的术语问题。中国政法大学比较法学院2012级硕士研究生陶娟女士,依据德文本指出了译文中众多晦涩困厄之处,使我有机会修正。希望二位同行接受我由衷的谢意!还要感谢法律出版社吕丽丽女士所付出的编辑和校对劳动!最后,我应当感谢春轶给我一个温馨的家。在那里,我才有了精神上的自由。

从接到诺伊曼教授发来的书稿到完成翻译的初稿,这一过程恰好是从我来到澳门工作到我离开澳门,转至武汉任教。因为米健老师的帮助,我得以在澳门这个富有文化底蕴的小城工作和生活,获得了中国其他地方所不能提供的某种感悟。在这段短暂的人生经历中,有很多人对我充满了提携的美意,使我能够醉心于学问。而在中南财经政法大学这个新的大家庭中,领导和同事对我的关爱使我能够前行,得以完成这一工作。在此请澳门和武汉两地的师友接受我由衷的感谢。

张青波

2014 年 7 月 27 日于武汉南湖畔

作者简介

乌尔弗里德·诺伊曼

乌尔弗里德·诺伊曼教授,生于1947年,曾在蒂宾根和慕尼黑上大学,并分别于1971年、1974年通过第一次和第二次法学国家考试。自1974年起在慕尼黑大学法哲学与法信息学研究所担任科学助手,1978年获得博士学位,1983年获得教授资格,自1984年至今先后在法兰克福大学、萨尔州大学任刑法学、刑事诉讼法学、法哲学和法社会学教席教授。自1991~1999年任德国科学研究协会(DFG)法哲学与国家哲学鉴定专家,自1998~2006年任国际法哲学协会德国分会主席,自2011年任国际法哲学协会主席。此外,兼任德国NOMOS出版社刑法典注释书编委和作者,以及德国《整体刑法学杂志》和中国《法哲学与法社会学论丛》编委。著有《法本体论与法律论证》(1979年)、《近代犯罪与刑罚的理论》(1980年,与Ulrich Schroth合著)、《归责与先过错》(1985年)和《法律论证学》(1986年)、《法中的真》(2004年)等著作,并在刑法学、刑事诉讼法学、法哲学、法理论、法社会学领域发表论文计有150余篇。众多作品被翻译为其他语种。

译者简介

张青波

张青波，自 1997～2004 年就读于中国政法大学，先后获得法学学士、硕士学位，2005～2009 年就读于德国法兰克福大学，师从诺伊曼教授，2010～2013 年任教于澳门科技大学，现任教于中南财经政法大学，主要研究和教授行政法学、法理学、宪法学，兼任《法哲学与法社会学论丛》编辑。著有《通过后果取向的法律论证》(2010 年)、《理性实践法律——当代德国的法之适用理论》(2012 年)，并以中文、德文、英文发表过一些法理学、宪法学和行政法学方面的论文。

“当代德国法学名著”计划书目

法哲学·法律理论·法律史

1. 恩吉施:法律思维导论

   K. Engisch:Einführung in das juristische Denken

2. 哈腾豪尔:德国法的思想史基础

   H. Hattenhauer: Die geistsgeschichtlichen Grundlagen des deutschen Rechts

3. 雅科布斯:规范·人格体·社会——法哲学前思

   G. Jakobs: Norm, Person, Gesellschaft – Vorüberlegungen zu einer Rechtsphilosophie

4. 耶林:为权利而斗争

   R. v. Jhering:Der Kampf ums Recht

5. 考夫曼:后现代法哲学——告别演讲

   A. Kaufmann:Rechtsphilosophie in der Nach – Neuzeit

6. 考夫曼/哈斯默尔:当代法哲学和法律理论导论

   A. Kaufmann/W. Hassemer: Einführung in Rechtsphilosophie und Rechtstheorie der Gegenwart

7. 耶林/贝伦茨:法学是一门科学吗?

   R. v. Jhering/ O. Behrends:Ist die Jurisprudenz eine Wissenschaft? – Jherings Wiener Antrittsvorlesung vom 16. Oktober 1868. Aus dem Nachlaß herausgegeben und mit einer Einführung, Erläuterungen sowie einer wissenschaftsgeschichtlichen Einordnung versehen von Okko Behrends

8. 拉德布鲁赫:社会主义文化论

G. Radbruch:Kulturlehre des Sozialismus

9. 萨维尼:历史法学派的基本思想

F. C. v. Savigny:Grundgedanken der historischen Rechtsschule

10. 齐佩利乌斯:法学方法论

R. Zippelius:Juristische Methodenlehre

11. 韦森贝格/韦森纳:晚近德国私法史

G. Wessenberg/ G. Wesener:Neuere deutsche Privatrechtsgeschichte

12. 菲韦格:论题学与法学——论法学的基础研究

T. Viehweg: Topik und Jurisprudenz – Ein Beitrag zur rechtswissenschaftlichen Grundlagenforschung

13. 拉德布鲁赫:法学导论

G. Radbruch:Einführung in die Rechtswissenschaft

14. 克卢格:法律逻辑

U. Klug:Juristische Logik

15. 诺伊曼:法律论证学

U. Neumann:Juristische Argumentationslehre

民商法·经济法

16. 鲍尔/施蒂尔纳:德国物权法(上、下册)

F. Baur/R. Stürner:Sachenrecht

17. 卡纳里斯:德国商法

C. W. Canaris:Handelsrecht

18. 弗卢梅:法律行为论

W. Flume:Allgemeiner Teil des Bürgerlichen Rechts,zweiter Band,Das Rechtsgeschäft

19. 卡泽尔/克努特尔:罗马私法

M. Kaser/R. Knütel:Römisches Privatrecht

20. 克茨:欧洲合同法(上卷)

H. Kötz:Europäisches Vertragsrecht

21. 克茨/瓦格纳:侵权法

H. Kötz/ G. Wagner：Deliktsrecht
22. 拉伦茨：德国民法通论
K. Larenz：Allgemeiner Teil des Deutschen Bürgerlichen Rechts
23. 梅迪库斯：德国民法总论
D. Medicus：Allgemeiner Teil des BGB
24. 梅迪库斯：德国债法总论
D. Medicus：Schuldrecht Ⅰ（Allgemeiner Teil）
25. 梅迪库斯：德国债法分论
D. Medicus：Schuldrecht II（Besonderer Teil）
26. 施密德：德国公司法
K. Schmidt：Gesellschaftsrecht
27. 施瓦布：德国民法导论
D. Schwab：Einführung in das Zivilrecht
28. 齐默尔曼：债法——民法传统的罗马法基础
R. Zimmermann：The Law of Obligations – Roman Foundation of the Civilian Tradition
29. 梅迪库斯：请求权基础
D. Medicus：Grundwissen zum Bürgerlichen Recht – Ein Basisbuch zu den Anspruchsgrundlagen
30. 施瓦布：德国家庭法
D. Schwab：Familienrecht
31. 齐默尔曼：德国新债法——历史和比较的视角
R. Zimmermann：The New German Law of Obligations – Historical and Comparative Perspectives
32. 里特纳：欧洲与德国经济法
F. Rittner：Europäisches und deutsches Wirtschaftsrecht
33. 施瓦尔贝/齐默尔：卡特尔法与经济学
U. Schwalbe/ D. Zimmer：Kartellrecht und Ökonomie：Moderne ökonomische Ansätze in der europäischen und deutschen Zusammenschlusskontrolle
34. 科英：欧洲私法

H. Coing：Europäisches Privatrecht

35. 弗莱斯纳：国际私法中的利益法学

A. Flessner：Interessenjurisprudenz im internationalen Privatrecht

36. 瓦尔特曼：德国劳动法

R. Waltermann：Arbeitsrecht

37. 莱波尔德：德国继承法

D. Leipold：Erbrecht

刑法 · 行政法 · 国家法 · 宪法

38. 齐佩利乌斯：德国国家学

R. Zippelius：Allgemeine Staatslehre

39. 毛雷尔：行政法学总论

H. Maurer：Allgemeines Verwaltungsrecht

40. 韦塞尔斯：德国刑法总则

J. Wessels：Strafrecht，Allgemeiner Teil

41. 施莱希/科里奥特：德国联邦宪法法院：地位、程序与裁判

K. Schlaich/S. Korioth：Das Bundesverfassungsgericht Stellung，Verfahren，Entscheidung

背景系列

42. 雅科布斯：十九世纪德国民法科学与立法

H. H. Jakobs：Wissenschaft und Gesetzgebung im bürgerlichen Recht nach der Rechtsquellenlehre des 19. Jahrhunderts

43. 克斯勒：马克斯 · 韦伯的生平、著述及影响

D. Käsler：Einführung in das Studium Max Webers

44. 考夫曼：古斯塔夫 · 拉德布鲁赫传——法律思想家、哲学家和社会民主主义者

A. Kaufmann：Gustav Radbruch – Rechtsdenker，Philosoph，

Sozialdemokrat

45. 克莱因海尔/施罗德:九百年来德意志与欧洲法学家

G. Kleinheyer/ J. Schröder: Deutsche und Europäische Juristen aus neun Jahrhunderten

46. 克尼佩尔:法律与历史——论《德国民法典》的形成与变迁

R. Knieper: Gesetz und Geschichte – Ein Beitrag zu Bestand und Veränderung des Bürgerlichen Gesetzbuches

47. 格林德曼/里森胡贝尔:二十世纪的德国民法学家

S. Grundmann/ K. Riesenhuber: Deutschsprachige Zivilrechtslehrer des 20. Jahrhunderts in Berichten ihrer Schüler 1 – Eine Ideengeschichte in Einzeldarstellungen

图书在版编目(CIP)数据

法律论证学 / (德)诺伊曼著; 张青波译. -- 北京 :
法律出版社,2014.7(2020.9 重印)
(当代德国法学名著)
ISBN 978-7-5118-6645-5

Ⅰ.①法… Ⅱ.①诺…②张… Ⅲ.①法哲学—研究
Ⅳ.①D90

中国版本图书馆 CIP 数据核字(2014)第 166416 号

法律论证学
FALÜ LUNZHENGXUE

[德]乌尔弗里德·诺伊曼 著
张青波 译

责任编辑 韩满春
装帧设计 李 瞻

编辑统筹 学术·对外出版分社
出版 法律出版社
总发行 中国法律图书有限公司
经销 新华书店
印刷 三河市兴达印务有限公司
责任印制 陶 松
开本 850 毫米×1168 毫米 1/32
印张 6.75
字数 156 千
版本 2014 年 8 月第 1 版
印次 2020 年 9 月第 3 次印刷

法律出版社/北京市丰台区莲花池西里 7 号(100073)
网址/www.lawpress.com.cn
投稿邮箱/info@lawpress.com.cn
举报维权邮箱/jbwq@lawpress.com.cn
销售热线/400-660-8393
咨询电话/010-63939796

中国法律图书有限公司/北京市丰台区莲花池西里 7 号(100073)
全国各地中法图分、子公司销售电话:
统一销售客服/400-660-8393/6393
第一法律书店/010-83938432/8433 西安分公司/029-85330678 重庆分公司/023-67453036
上海分公司/021-62071639/1636 深圳分公司/0755-83072995

书号:ISBN 978-7-5118-6645-5 **定价**:28.00 元
(如有缺页或倒装,中国法律图书有限公司负责退换)